实体门店差异化经营、超越竞争对手的实用工具宝典

新零售管理者精细化运营、业绩持续提升的实战管理指南

企业标准化运营、管理创新升级、品牌基业长青的实效系统方案

换个“脑袋”做零售

李坤恒◎著

解密新零售时代管理本质，用NLP教练技术解决企业运营难题

企业管理出版社
ENTERPRISE MANAGEMENT PUBLISHING HOUSE

图书在版编目（CIP）数据

换个“脑袋”做零售 / 李坤恒著 . —北京 : 企业管理出版社，2018.5
ISBN 978-7-5164-1707-2

Ⅰ. ①换… Ⅱ. ①李 Ⅲ. ①零售业－商业经营 Ⅳ. ① F713.32

中国版本图书馆 CIP 数据核字 (2018) 第 081452 号

书　　名：换个“脑袋”做零售
作　　者：李坤恒
责任编辑：张　羿
书　　号：ISBN 978-7-5164-1707-2
出版发行：企业管理出版社
地　　址：北京市海淀区紫竹院南路17号　　邮编：100048
网　　址：http://www.emph.cn
电　　话：编辑部（010）68701661　发行部（010）68701816
电子邮箱：26814134@qq.com
印　　刷：北京美图印务有限公司
经　　销：新华书店
规　　格：170毫米×240毫米　16开本　14.5印张　200千字
版　　次：2018年5月第1版　2018年5月第1次印刷
定　　价：58.00元

新零售时代，
换个“脑袋”换的是什么？
零售要怎样做才是正确的？

前言

没有新思维，你的零售依然过着“冬天”

实体零售的“寒冬”有多长？2014年，那个稳占国内休闲服龙头地位的真维斯关闭了253间店铺；2015年，仅仅半年的时间李宁集团便关闭了旗下1200家门店；2016年6~8月，“一代鞋王”百丽居然平均每天关闭3家门店，并在2017年黯然退市。在行业“寒冬”面前，不管是小企业还是大企业都过得如履薄冰，一不小心就会被“关店潮”席卷。

“关店潮”愈演愈烈源自实体零售的不思进取，源自企业的旧有思维，源自管理者的陈旧管理模式。时代在发展，人的思想和行为也在不断改变，如果实体零售企业依旧在重复旧有的行为，那连旧有的结果也达不到了，只能被时代抛弃，成为“关店潮”中的一员。

这两年，不断有人在说实体零售“冰”到极致后开始“回暖”。2016年下半年，“新零售”迅速火爆，“纯电商必死”之说由马云提出，然后一大批领袖级人物发言，认为零售最终还是要回到“人”“货”“场”，并积极布局实体零售。2017年商务部公布的数据也显示了实体零售一片向荣。

殊不知，这个“回暖”是对实体零售的一个新挑战，因为电商在转向线下，实体零售的竞争只会愈加激烈。如果实体零售企业不能用新思维确定自己不可取代的地位，那最后只能被“新零售”挤压出市场。如果实体零售企业不能用新思维改变自己“千店一面”的现状，那最后只能被顾客抛弃。如果实体零售企业不能用新思维重塑自身管理模式，那最后只能是进入更加凛冽的“寒冬”。

新思维是神奇的，因为它能让企业事半功倍，将企业的运营能力提升到一个新的高度；因为它能让企业焕然一新，给企业一片“星辰大海”。而没有新思维，实体零售企业便只能过着“寒冬”。那么新思维是什么呢？

《换个“脑袋”做零售》一书的新思维便是 NLP 教练技术，本书主要基于我在实体零售管理、终端运营、效能提升等方面十余年的经历和经验写就，为实体零售突破互联网及移动互联网提供了有效的新模式，并有效解决了实体零售企业对新模式难落地、难复制、难实操的现状。

我从事零售行业十几年，并且从 2005 年就开始了 NLP 的学习之路，这十几年来我不断将自身的实战经验与 NLP 进行融合，这才有了本书。写作此书的目的便是将我这十几年的经验加以整合总结，希望除了听我课程的学员之外，社会上能有更多的人有机会接触并学习我的这一套理论，希望大家从中能得到些什么。

李坤恒

2018 年 2 月 18 日

目 录

第一章 零售没死，是我们没有找到适合自己的路 ………………… 1

第一节 实体零售已死？瞎掰 ………………………………………1
第二节 开店未必盈利，促销必失利润 ……………………………4
第三节 管理者不是救火员，却倒在了“忙”“盲”“茫”中……7
第四节 真假难辨的零售“新招”，有用吗 ………………………11
第五节 零售“回春”，是时候换个“脑袋”了…………………14

第二章 换个“脑袋”谋业绩，消除利润倍增难题 ……………… 21

第一节 没方法，业绩提升是泡沫…………………………………21
第二节 莫要让你的数据只是数字…………………………………25
第三节 主题化运营管理——简单、粗暴、有效 …………………35
第四节 业绩倍增的高效管理流程…………………………………39

第三章 换个“脑袋”做销售，实现销售人才快速复制…………… 51

第一节 不要走进销售的误区 ………………………………………51
第二节 销售中如何把抱怨化为动力 ………………………………55
第三节 可复制的销售技巧——“三招半”………………………62
第四节 销售高手的孵化路径 ………………………………………68

第四章 换个“脑袋”搞服务，让顾客成为你的“推销员”……75

第一节 你的顾客缘何成为别人的 VIP……75
第二节 脱离服务等于自杀……79
第三节 NLP 是提升顾客忠诚度的解题之道……83
第四节 “365”顾客维护流程……89

第五章 换个“脑袋”建团队，打造自驱动力员工……97

第一节 你可能抢了下属的饭碗……97
第二节 如何从“要我做”到“我要做”……101
第三节 除了钱，员工更想要什么……106
第四节 用你的答案解答你的问题……112

第六章 换个“脑袋”管货品，打造店铺货品预警机制……119

第一节 库存是零售企业马上需要解决的问题……119
第二节 想解决库存，先解决思路……123
第三节 家中即便有“粮”，心中也要存“慌”……128
第四节 人的“脑袋”是解决库存的根源……132

第七章 换个“脑袋”行落地，重塑零售企业核心竞争力……137

第一节 制导系统——发现问题，解决问题……139
第二节 程序系统——诊断问题，规划运营……145
第三节 发动系统——落地执行，精准执行……150
第四节 平衡系统——监控过程，评估过程……156
第五节 推力系统——管好人心，团队自强……162

第八章 | 用 NLP 教练技术铸就新型管理者……169

第一节 你的零售管理模式已经落伍了……169
第二节 新零售时代管理者都是这样做事的……173
第三节 NLP 思考层级工具造就卓越管理者……178
第四节 沟通力决定着能否成为卓越管理者……185
第五节 卓越管理者轻松管理多店……193

第九章 | 实体零售的未来，由你决定……201

第一节 未来企业该走向何方……201
第二节 让企业屹立不倒的战略模式……205
第三节 以运营规划突破发展瓶颈……209
第四节 未来属于敢于换“脑袋”的人……217

你还在不停开分店和搞促销吗？
你还在做员工的“救火员”吗？
你还在想着涌进互联网大潮吗？
如果是，那你该换个“脑袋”了。

第一章 零售没死，是我们没有找到适合自己的路

第一节 实体零售已死？瞎掰

有人说，实体零售已死。

不信你看，美国最大的商店零售商彭尼公司要关闭旗下的138家门店，那是其现有门店总量的13%~14%。

不信你看，美国的科尔士百货已经关闭了16家门店，Sears已经关闭

了150家门店，梅西百货仅在2017年年初就关闭了68家门店。

不信你看，我们的“一代鞋王”——百丽，退市了。它的市值由巅峰时期的1400亿港元缩水到531.35亿港元，在短短一年时间内关闭700家门店，相当于一天关闭2家门店。

你已经看到了，这些实力雄厚的大企业，一个个都在走向没落。我要问：你是资金超过梅西，还是实力大于百丽？他们都关店了，你凭什么能撑下去？

为什么某些大企业撑不下去了，就表示小企业一定撑不下去呢？为什么某些大企业的兴衰可以代表一个行业的兴衰？为什么不能让那些依旧在稳定发展的企业作为该行业的代表呢？为什么？因为这是悲观者的论调，他们看不到光明和希望，所有的注意力都在“关店”这两个大字上。

实体零售已死只是唱衰，不是真相

自从马云创办的线上购物网站火了之后，年年都有人在唱衰实体零售，“双十一”购物节成功后这种论调更是愈演愈烈，甚至说马云毁了实体零售。可是，实体零售去年没有死，今年没有死，明年也不会死。

唱衰者看不到马云线下的无人超市，看不到马云在云栖大会上关于“新零售”的发言，他们只看到了电商年年增长的成交额。擦亮眼睛，真相是马云正在朝着实体零售进军，在说“纯电商必死”，在引导电商去结合线下。

真相是，除了马云，苏宁和京东也对实体零售表示了重视，苏宁董事长张近东提出“大力推动实体零售向智慧零售转型”，京东CEO刘强东在《财经》杂志发表署名文章谈论第四次零售革命。面对这些电商巨头的态度，你又怎能说实体零售已死呢？

实体零售一直在发展，是你没关注

2015年一句“把一只猪放在风口，猪都会飞起来”让实体零售企业慌了神，电商是不是终于要蚕食掉实体零售了？实体零售是不是马上就要在互联网的风口上消失了？可是实体零售一直存活到了今天。在这几年中，实体零售中有大幅关店的，也有直接倒闭的，落败中的有小店铺，也有大企业，可这只能证明是其自身实力不足，或者说是其不思进取造成的。即使实体零售中有不向好发展的存在，但是实体零售的大致方向还是不断向前发展着的。

“关店”这个词可以吸引更多人的注意力，于是很多人就忽略了实体零售中向好发展的企业。KM 是一个主营服饰和优质生活用品的快时尚品牌，凭借先进的理念和出色的管理，仅仅是 2016 年一年的时间，KM 便在中国新增门店 300 多家，同时还在以每月新增 40 多家的速度不断扩张。同 KM 一样快速发展的实体零售还有很多，只是新闻没有重点报道，只是你没有关注，面对这些实体零售，你还能说实体零售已死吗?

实体零售一直在发展，数据便是最好的证明。根据商务部的数据，2017 年 5 月，重点监测零售企业线下零售额同比增长了 4.8%，增速较上年同期加快 1.6 个百分点，其中，百货店销售额同比增长 1.8%，比 4 月加快 0.3 个百分点。实体零售一直在增长，已死之说无从谈起。

实体零售从来都不曾死去，死去的只有你的信心和思维。当你找到适合自己的路时，那你便会认为那些高呼实体零售已死的人都只是在胡扯罢了。

第二节　开店未必盈利，促销必失利润

很多零售门店做大之后，想到的第一件事就是开分店。老店在城西，那在城东开家新店；在本城站稳脚跟了，那把分店开到更大的城市去。好像店越多赚的钱就会越多，好像开的新店一定会如老店一般成功，然而事实并非如此。

开分店与创业一样，有着极大的风险。选址、资金链、人员、订货……任何一个环节出错都会导致分店失败，甚至危及老店的生存。而且，随着房地产的发展，租金在开店成本中的比重越来越大，在旺季时可以不考虑这一成本，可是店面在淡季的收入可能都抵销不了租金成本，如果开设了数家分店，门店在淡季的损耗如何扛过去呢？

因此，开分店对门店来说未必盈利，对开分店的选择门店必须慎重。相比开分店的不确定，促销往往会使你大幅度损利。

为什么那么多门店都在用促销

假设一种情景：撕去logo，把各个品牌的男装集中起来放在一个地方。如果你是消费者，你能分清各家品牌吗？如果你是某品牌的金牌导购，你能分清各家品牌吗？如果你是某品牌的资深督导，你能分清各家品牌吗？

你不能。放眼望去，零售市场产品同质化现象愈演愈烈，失去 logo 的产品根本无从分辨品牌。

请回顾你家店面的四周，同你经营类似货品的店铺有几家？同你面对相同顾客群的店铺有几家？行业聚集是趋势，把门店开在没有竞争对手的地方是不现实的。可是，你总是被竞争对手包围着，他们在门口立了一块门牌，上面写着“挥泪大甩卖”。

另外，你的员工多数来自你的竞争对手。你招聘到一名金牌导购，该导购有着多年的从业经验，各个方面都很突出，第一个月的销量就拿到了门店第一。这名导购的经验来自何处，销售技巧习自何方？来自你的竞争对手。同样的，从你这里辞职的优秀员工，他们去往的另一家门店就是你的竞争对手。你的员工与竞争对手别无二致，他们有着同样的销售技巧，同样的话术，提供的也是同样的服务。

产品同质化、渠道同质化、服务同质化是竞争给实体零售带来的负面影响，这很难避免。为了在竞争中获得顾客的青睐，于是各家的促销策略层出不穷，“挥泪大甩卖”“跳楼价”“买 300 送 300”“全场一折起”。你似乎只能选择促销。

促销已经不能救命，反而更伤品牌

促销固然会让你在一定时期内迅速增加客流，往往还可以顺利地处理掉一大批积压的库存，但是促销并不能救命，反而更伤品牌。

有个区域加盟商，代理了十几个女装品牌，以前他的店铺不做任何促销活动，但销售业绩非常好，还很稳定。后来这个代理商参加了一场培训，便开始大力做促销活动，如免费策略、低价策略等。在促销活动下，在一周的时间他的店铺便取得了 200 多万元的销售额，这个代理商可谓是大赚了一笔。但是，活动之后店铺的业绩却直线下降到了冰点，有些店铺甚至出现了“0”额销售。经过一番调查之后这个代理商才了解到，店铺的突然冷清正是因为促销伤害了顾客，伤害了品牌。

促销会让你失去忠诚顾客。面对门店促销，之前的老顾客会说："原来卖那么贵，这才几天就开始打折，你们没有促销活动时要赚我们多少钱啊？"促销活动让顾客觉得你的定价不合理，让那些原价购买的顾客觉得自己吃了大亏，被骗了，之后他们便不会再光顾。

促销会让你的顾客一直等你的促销期。如果经常搞活动的门店在某段时期没有促销，顾客往往就不会光临，偶有光临的顾客也往往会问："你家什么时候搞活动呢？"顾客在等你打折，他根本不买你原价的账。如此促销，还有意义吗？

促销给顾客一种错觉：你家货品还可以更便宜。门店促销力度越大，货品卖得越便宜，光顾的顾客反而越少、越挑剔。即使你卖的是十元一件的货品，顾客也觉得你可以卖得更便宜些。

做促销不能解决根源性问题，如果你是中高端品牌，做促销只能让你死得更快，因为顾客认可的是你的价值而不是你的价格。因为促销而被忠诚顾客贴上廉价的标签，失去忠诚顾客的促销有何意义呢？

此外，促销不仅让你失去顾客，还会让你的销售陷入恶性循环。

门店一做促销活动，导购就都在卖低价位促销货品，一旦导购形成习惯，这家门店就会惨不忍睹。顾客进店选购，导购一心只推销便宜的特价货品，正价的货品根本卖不出去，时间长了，正价货品又变成促销货品，形成一个恶性循环。如此促销，岂不因小失大。

为了吸引顾客，所有的门店都在想方设法找出最新颖的方案来吸引顾客，第一家想出"买三送一"的商家销量得到了快速上升，然后这种促销方式会迅速被其他商家模仿跟进。让利促销简单有效，同时极易被效仿。到最后，促销就演变为各个商家比拼实力，争相向顾客送出比竞争对手高的实际物质利益，陷入恶性循环，你又能撑到什么时候？

相比开分店、做促销，明智的门店会选择找出一套适合自己的管理模式，增强自身的核心竞争力。对如今的门店来说，最好的管理模式是什么，从本书中你可以找到答案。

第三节 管理者不是救火员，却倒在了“忙”“盲”“茫”中

“店长，咱家那款畅销的货品卖没了，怎么还没有补过来呢？”

“店长，咱隔壁的活动力度这么大，客流都被截走了，怎么办啊？”

“店长，这批新上的货太贵了，怎么卖啊？”

“店长，来了个要退货的顾客，你上吧。”

……

身为店长的你，对上述问话熟悉吗？这时候的店长不像一个管理者，而更像一个救火员，哪里有问题就冲向哪里。

忙碌、盲目、茫然的管理者

身为管理者的你是不是像救火员一样，问题出现了便急急忙忙地赶到一线进行处理？你在终端一个接一个地给VIP打邀约电话，在门口截客流，给顾客进行产品搭配，设计店内陈列摆放，处理顾客换货、退货，整理库房，等等。你每天都忙忙碌碌地工作着，你就是员工的救火员。

身为管理者的你是不是像救火员一样，遇到问题不容思考、条件反射般地工作着？员工带着抱怨来找你，他说货太贵卖不出去，他说没活动卖不出去，他说顾客退货不会处理，员工反映各种问题，起初你还能耐心地进行指导，告诉员工应该怎么做，等员工问了两三次后，你有没有火冒三丈？有没有盲目地冲到一线自己去把问题解决了呢？

身为管理者的你是不是像救火员一样，总是有各种问题围着你。员工总是爱问问题，不管问题大小总是要问你，你告诉他方法他也学不会，到最后往往是你去把问题解决了。可是偌大的店铺十几号人，你不可能把每个人的问题都一一亲自解决了。于是，你每日都做了很多，可是店铺业绩始终不见好，你茫然吗？

忙碌的管理者？盲目的管理者？茫然的管理者？如果你是，那你可能混淆你的身份了。

身份混乱，你在做谁的活儿

在终端，常常员工不去做销售，而是店长在做。因为一旦任务完不成了，一线的店长最着急，很多店长一着急就开始冲在前头做销售，一个人做了业绩的60%。店长在做销售，就没有时间去管理店铺了，这时候店长的主管、督导在帮店长弄仓库、弄陈列、弄账务等，他们在帮店长管店。督导去管店了，就没有人去分析多店销售数据了，这时候经理就得去做督导的活儿，而经理的活儿总监在做，总监的活儿店主在做。每个管理者都在做下属的活儿，那谁在做店主的活儿？一线导购在做店主的活儿，他们想不来就不来，想请假就请假，心情不好就休息几天，让他不开心了马上就辞职，想怎样就怎样。是不是比店主还像店主?

于是管理者就说，现在的问题是基层员工闲着没事总在操别人的心，从来不操自己的心。“咱家好卖的货补不到”，他们在操心商品;“别人家有活动咱家没活动”，他们在操心企划;“咱家工资太低了”，他们在操心人力资源。我们请导购来就是做销售的，销售才是基层员工真正该做的事情，可他们一直操别人的心就是不操自己的心。他们这里出错了，店长就只能顶上，然后每一级的管理者都在顶替下属的工作空缺，大家都在扮演别人的角色，这才造成了严重的身份混乱。可是，这只是员工的问题吗?

身份回归，必先转变思维模式

身份混乱不只是员工的问题，更是管理者的问题，要想身份回归，管理者必须改变心智模式。

现在很多员工给店长反映问题，然后店长就去想办法；店长给店主反映问题，然后店主去想办法。当给出答案后，对方又会说一些其他的条件，对给出的答案进行反驳。其实，管理者不应该给答案，因为最熟悉问题产生背景、条件的就是问问题的人，只有最熟悉的那个人才能找出最佳的解决办法。因此需要管理者对员工进行引导，让员工通过思考得出答案。

改变管理思维模式，让员工反映问题时加三个解决方案。没有解决方案的反映只是抱怨。当员工反映问题的同时给出三个解决方案时，其注意力就从问题转移到哪个方案更合适上了。这种管理可以让员工逐渐形成一个思考的习惯，当员工遇到一个问题就去思考解决方案时就解决了店长很多麻烦。另外，作为管理者要学会闭嘴，即使你有比员工提供的三个方法更好的方法也要闭嘴，让员工自己在三个方法中挑选出一个他认为最好的方法，让他试错，只有试错了他才能知道问题到底出现在哪里，这时再让他去做总结，然后再让他重新做，他就能越做越好。

管理者忙、累、烦的根源是思维模式的问题，要想摆脱救火队员式管理，必须从思维模式上进行转变，如此才能真正做到身份回归，让每个人都有条不紊地做自己应该做的事。那么管理者通过什么方法去转换思维，如何成为卓越管理者，本书第八章将告诉你答案。

第四节　真假难辨的零售“新招”，有用吗

类似“实体零售已死”的谣言四起，再加上实体零售在发展中确实遇到了一定的障碍，于是面对互联网，很多企业便跃跃欲试，想用“新招”自救。看到投资人总是在投资各种 O2O、互联网 +，于是一大批人开始盲目地转向 O2O、互联网 +，最后他们收到的结果如何呢，或许美特斯邦威可以清楚地告诉你真相。

美特斯邦威的三次“触网”

美特斯邦威成立于 1995 年，是一家十分依赖线下渠道（直营店和加盟店）的服装公司。2010 年急于实现供应链的快速反应效果的美特斯邦威，匆匆加入电商行列，在 2010 年年末便上线其电商平台——“邦购网”。初次“触网”，美特斯邦威没有获得任何实效，反而由于款式、价格、折扣活动等难以协调，引起公司渠道的大范围内斗，库存积压严重，不堪重负的美特斯邦威在 10 个月后黯然放弃了“邦购网”。

二次“触网”，美特斯邦威选择的是 O2O 体验店，重新装修实体店面，将其作为网店来经营。为提升用户体验，店内除了陈列商品外，还设置宽

敞的休息区，给顾客提供免费 WIFI、咖啡、书籍等。但是顾客并不买账，美特斯邦威的 O2O 体验店人气不佳，没有取得良好的成效。

三次“触网”，美特斯邦威进军的是移动互联网，开发了一款名为“有范”的 APP。为扩大这款 APP 的影响，在发布会上美特斯邦威邀请了周杰伦，并斥巨资冠名《奇葩说》综艺节目。但是，高曝光并没有让这款 APP 获得成功，反而因其较差的体验感引得用户抱怨，用户不喜欢自然也就留不住用户。

美特斯邦威的财报一年不如一年，如果它能更多地专注在线下，或许会有另外一番景象。

大手笔进军互联网然后又重回实体零售的企业，美特斯邦威不是个例。在英国，本世纪最成功的服装零售商 Next 宣布于 2018 年 1 月正式关闭旗下青少年品牌 Lipsy London 的在线商店，同时表示将会继续开店，扩张实体零售业务。这是不是从一个侧面说明了线上商店并没有给 Next 带来什么利润，甚至还有可能拖累其实体零售的发展。

盲目使用“新招”只能不了了之

2014 年提得最多的是 O2O，也有很多企业去做 O2O，如美特斯邦威砸了很多钱去做这件事情，但是最后不但没有达到理想的结果，反而使其业务缩小了。后来大家开始提互联网 +，并认为互联网 + 能解决现在的问题，但实际上互联网 + 只是一个工具，并不是零售行业的救命稻草。也有很多企业还没有真正搞明白互联网 +，便大谈互联网 +，最后也是不了了之。殊不知并不是所有企业都合适互联网 +，这种工具只适合部分企业。未来，如探索出把互联网 + 这种工具与零售行业更有效地相结合，无缝对接，才能对零售运营管理起到补充的一个作用。所以，很多企业盲目地去追求互联网 +，效果也不是很好，最后也就不去谈了。

2015 年很多人在谈“猪在飞”，到现在已经能感觉到“猪”飞不起来了。都在说风口，但是找风口更多的是一种投机心理。很多企业管理者都有事业心，他们想把企业做得更长远，想做成百年企业，但是他们总是抱着投机的心理找各种风口，最后往往又会发现风口根本不属于他们。风停之后摔死的都是投机的人，所以现在“猪”也飞不起来了。

零售行业该往哪里走？突破口是什么呢？现阶段应该从哪一部分踏踏实实一步一步穿越丛林，找到一些新的出路呢？

第五节　零售“回春”，是时候换个“脑袋”了

在“实体零售已死”的唱衰中，在各路电商的夹击中，实体零售不但没有消亡，反而有着稳定的发展。但是，如今电商不断向线下发展，他们开设的一家又一家实体店铺不断蚕食着传统实体零售的市场份额。面对如此境况，如果你不去寻找新路径，那被取代便只是早晚的事，为此就需要实体零售换个“脑袋”。

新“脑袋”的诞生

说到新“脑袋”的诞生，便不得不提 NLP 和教练技术。

NLP，即神经语言程式学。其创始人是美国加州大学的两位博士，一位是研究计算的理查德・班得勒，另一位是研究语言的约翰・格林德尔。他们在当时都对世界上最伟大的催眠大师米尔顿・艾瑞克森产生了浓厚的兴趣。理查德・班得勒和约翰・格林德尔两位博士就想，能不能有一种可以快速把成功人士的经验总结出来的方法，并让人在两三年或者四五年之内快速地学会。于是他们开始研究米尔顿・艾瑞克森，经常上门拜访，跟这位催眠大师学习交流，后来他们终于整理出了 NLP 这种工具。

NLP 的核心就是模仿，模仿成功的人士，模仿他们的成功方法让模仿者快速地变成优秀的人。这两个人把世界上很多伟大的心理学大师的方法整理成步骤，用流程的方式让大家去学习和模仿，只要反复地运用这些方法，普通人一样能达到很好的效果。也就是说，把心理学复杂的知识通过 NLP 整理成可以简单复制、学习的方法，让普通人一样可以成为大师。这就是神经语言程式学的由来。

教练技术是由一个叫添·高威的网球教练创立的。当时，添·高威开设了一个训练俱乐部，教网球课和滑雪课。有一次，网球教练家里有事请假，有一段时间不能来教课，添·高威便让滑雪教练兼着教网球学员。过了一个月，添·高威发现，滑雪教练教出来的网球运动员技术增长的速度非常明显，他很好奇，为什么滑雪教练教的学员的成长速度会比专业的网球教练教出来的更快呢？

经过观察，添·高威发现，滑雪教练在跟学员交流的时候会告诉学员注意力要集中在球上，球来了想办法打回去就可以了。而网球教练会告诉学员把注意力放在动作上，应该这样或那样去打。所以在打球的时候很多学员就会思考自己的姿势、动作合不合适，这时学员就会手忙脚乱，球反而打不中了。他发现这个现象之后感觉非常有意思，就把它总结了出来：注意力集中在球上，能迅速地提高一个人的打球技术。

后来美国的一个电视台把这件事情播报了出去，有一家企业对添·高威非常感兴趣，于是请他给高管讲一堂课。添·高威兴致勃勃地给大家讲课，课间休息的时候，他发现这些高管的笔记没有一个词是与网球有关的，他们把如何打网球转换成了企业管理的内容，记录的都是跟管理有关系的。这给了添·高威非常大的启示——打网球的技术还可以应用在企业管理中。从那之后，他开始将教练技术与企业管理相结合，形成了一门教练技术的课程，去各地讲课，成了著名的演讲家。这便是教练技术的由来。

NLP 结合教练技术，就形成了 NLP 教练技术。教练技术更多的是外在的，表现在工作和生活里；NLP 更偏向于内心的改变。所以 NLP 教练技术，是两者的优势相结合，在实际运营管理中的作用是非常明显的。

NLP 教练技术是指教练通过一系列有方向性、有策略性的过程，洞察被教练者的心智模式，向内挖掘潜能、向外发现可能性，令被教练者有效达到目标的技术。

这是 NLP 教练技术的定义，其中有两点值得注意。一个是“教练通过一系列有方向性、有策略性的过程”。方向性可以理解为有自己的方向和目标。策略性指为了达成目标，要采取一些策略。采用什么样的策略来达成目标是很重要的，有的时候想直接完成某件事情，往往效果不是很好，拐个弯效果反而会更好。目标明确，方向明确，结合各种方法，目标就会更加容易达成。

另一个是“洞察被教练者的心智模式”。我们要在有策略的过程中了解被教练者的心智模式是什么。他可能是积极的，也可能是消极的；他可能是向外求的，也可能是向内求的。我们可以通过了解他的心智模式对他更好地加以引导，既可以向内挖掘他的潜能和力量，也可以向外发现一种可能性，让他能达到自己的目标。

为什么要换成这个“脑袋”

NLP 教练技术研究人、尊重人、关注人，以人为本。它解决人心理上及思维模式上的问题。一个团队的凝聚力如何，其实就是看成员的思维模式、价值观有没有统一，心有没有在一起，这些和人的思维模式有关系，因为思维模式会影响行为，行为又影响着结果。而 NLP 教练技术尊重人，研究人，了解团队里每个人的心，透过现象看到背后的动机及力量，把这种力量重新激发出来，这就是 NLP 教练技术最大的特点。

NLP 教练技术能帮助我们解决工作中管理及沟通上的一些问题。在工作中我们要和领导沟通、和跨部门的同事沟通、和自己部门内的人沟通、和自己的下属沟通，工作就是不停地和别人沟通。不单单是语言上的，发邮件这种文字行为也是一种沟通，沟通的内容直接影响着结果。NLP 教练技术不仅可以应用在工作中，还能应用在生活中，对家人之间的相处、沟通也有很好的作用，还能解决内心的一些问题。所以学会了 NLP 教练技术，不但在工作上对我们有很大的帮助，在生活中也可以让家人更加地幸福，让他们得到自己想要的结果。

即使不懂对方的专业技术，利用 NLP 教练技术依然可以帮对方取得想要的结果。实体零售行业的很多管理者其实是从其他行业转过来的，他们可能并不懂销售，但是他们可以通过 NLP 教练技术解决员工的问题，可以通过 NLP 教练技术来帮助员工树立信心，让员工找到自己问题的根源和解决问题的方法。这就是 NLP 教练技术的魅力所在，即便我们不懂对方的专业，但一样可以引导对方得到他想要的东西。

从管理者变成教练非常重要的一个环节，就是一定要帮助对方找到问题的根源，而不是直接给对方答案。旧有的方式是直接给对方答案，结果员工越来越不爱动脑子，越来越没有独立思考的能力，最后管理者又累人，又累心，这是很多管理者最大的感受。通过 NLP 教练技术，管理者可以引导对方，让他自己取得想要的结果。

对实体零售来说，换个“脑袋”具体换的其实是新的运营思维。例如，身份回归思维。这一思维要求各个职位的人做本职位的工作，不要抢下属的工作，具体的可见本章第三节的讲解。又如，加减法思维。在实际中很多员工发现问题做加法，解决问题也做加法，把问题复杂化了。这一思维要求员工解决问题做减法，对发现的问题进行排序，把对现在的业绩影响最重要的点，即主要矛盾找出来，分清主次矛盾然后予以解决。再如，线性思维，即标准化、流程化，本书第二章第三节即是对这一思维的具体应用。此外还有过程管理思维和齐力思维，读者可参考本书第七章第四节对过程管理思维进行把握；齐力思维即大家做思想，本书第五章和第八章对这一思想都有具体阐述。

明白了实体零售需要换的“脑袋”后，更关键的是如何落地 NLP 教练技术，如图 1-1 所示。

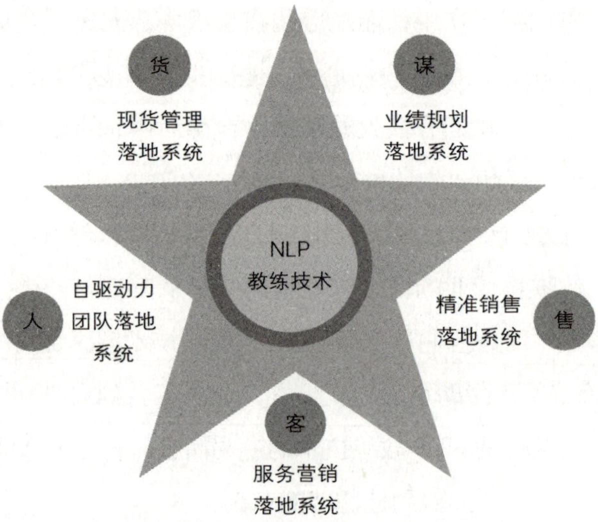

图 1-1　NLP 教练技术落地图

本书第二至六章的内容就是围绕 NLP 教练技术展开的，依次从谋、售、客、人、货五个方面阐述如何落地 NLP 教练技术，第七章的内容是 NLP 教练技术落地的具体方法，第八、九章则分别从中层和高层的角度介绍了如何使用 NLP 教练技术。读者可具体结合自身实际进行重点把握。

你还在靠感觉评估门店吗?
你还在看结果频换方法吗?
你还在按经验管理店铺吗?
如果是，那你该换个“脑袋”了。

第二章
换个“脑袋”谋业绩，消除利润倍增难题

第一节　没方法，业绩提升是泡沫

【小场景】

有一家服装门店的店长很会做活动，他总是能想出各种新奇的点子。比如，五一小长假期间，他的门店推出“购物满 1000 元送价值 800 元的一天两夜双人旅行”活动，这个活动在顾客群中的反响特别好，活动期间店内顾客流量大增，导购无须多加引导顾客便达成购买意向，连带率也是平时根本达不到的，基本上每位顾客都购买了两件以上的货品，活动期间的日销量明显超出同行。但是这种火爆场景并没有持续下去，五一活动一结束，这家门店便恢复到了活动前的状况——偶尔有顾客光顾，看到活动结束了转身便走。而且，由于活动期间赠送了大量的旅行票，虽然店内销量有很大的增长，但是盈利几乎无所增长。

【追根溯源】

上述场景是门店经营中常常遇到的：管理者很会想点子，有的点子在当时还表现出了明显的效果，但是往往这些点子带来的效益只是暂时的，而且对门店的长效盈利帮助不大，甚至会带来损害。尴尬的是，为门店长效盈利出招才是管理者真正该关心的，而那些零碎点子带来的暂时性业绩增长只是泡沫。

作为门店管理者，必须思考的是那些好的点子为何会成为易幻灭的泡沫。一般情况下，不外乎如下几方面原因。

（1）信息缺失，什么都是靠感觉。

店铺的优势是什么？大部分店长或者导购会找出位置好、客流量大、员工积极等类似的优点，然而这些都只是概括性的话，并没有通过一些数据表达出来到底是不是店铺的优势。另外，很多店长要通过查数据才能知道店铺的整体连带率、一个月的连带率等，对于平均单价、进店人数等也只是依靠感觉猜测。那些基层管理者对于数据反映的内容可以简单地说上几个，但没有找到问题的根源。数据背后的作用被基层管理者忽视了，有的时候店长拿到很多数据，只简单地看一下数字，便再也不看了。因为他认为看数据没有用，还不如多卖两件货。当对店铺的基本信息都掌握不清时，点子再好，但不在点上就都是泡沫。

（2）过分关注结果，忽视了过程。

员工想要高工资，领导想要高业绩。但是过分执着于高业绩就会被业绩束缚，因为满脑子都是要提业绩，根本不会去想着做规划，不会想着去掌控全局。员工如果被一个月的高工资迷惑了就不可能迎来工资的稳步增长，领导让做什么，员工就不假思索地做，不去思考对长久业绩和工资的影响。如果只关注眼前的高工资、高业绩这个结果，便不会去想该如何做，怎么才能做到最周密、最长久、最有效，那这个“好”点子便只是空有花架子罢了。

（3）点不成线，每个点子都是孤立的，想一出是一出。

在执行任务的时候，大部分人往往是想到什么方法就立即去实行，等这个方法不管用了就换其他方法。每个方法都是孤立的，都是以短期目标为出发点，没有从整体考虑。点子总是更换，每一次都重新布置，带来了物资、人力和时间的浪费，而且对长久的发展益处不大。

出新的点子不好吗？大家都会为好的点子鼓掌，但是对门店来说，更重要的是如何维持长效运营，如何让这些好的点子成为门店长效盈利的不竭动力。

【NLP 教练技术】

NLP 教练技术强调方向性、策略性，具体落实到门店运营中，就是指要讲方法，要有规划。

（1）用好你的数据。

大多数人对数据的内涵不理解，连带率、平均单价、平均折扣等的算法都没有完全普及，一部分员工依然不会计算。当问到平均单价怎么计算时，大多数人给的答案是客单价，由此可以看出，很多人认为客单价与平均单价是没有区别的。要想用好数据必须了解数据，因此必须用心学习数据的具体内容，弄清数据的内涵。

在终端，只有小部分人对数据敏感，大部分人表示对数据很头疼。这些现象都是正常的，有人看到数据就头大，而有的人就喜欢看数据。作为一个基层终端人员，分析数据是基础能力，也是管理者的必备能力之一。当看到数据时，应该静下心来深入地思考整个数据究竟有什么用，为什么要统计这个数据。如果只是为了统计而统计，为了看数据而看数据，那么数据便无法发挥出它本有的强大作用。那么应该如何利用数据呢？这一方面的内容在本章第二节将进行详细阐述。

（2）确定一个主题，根据流程采取行动。

对数据进行分析后要进行运用，我们不能只说一个东西有多好，然后把它搁置了起来，用才是关键。在实际中，当督导给店长制定任务后，店长会感觉压力很大，然后店长根据督导分派的任务给导购分派任务，一线的导购同样也会备感压力，觉得任务根本完成不了。如果管理者运用数据来确定门店的行动目标和指标值，可以使规划更加科学合理，而科学合理的规划更容易为具体人员所接受并使任务顺利完成。

在实际执行中还存在一种情况，就是在具体执行中店长经常给导购更换任务，导购每天做的工作是随机的，而且做的工作对业绩提升毫无意义。当确定一个主题，即目标后，员工的工作会分外明确，管理者又根据目标制定一套行动流程，清晰的目标和行动可以很好地帮助员工明确做什么、怎么做，使整个过程简单顺利，这就是主题化业绩行动规划的魅力。本章第三节和第四节将分别阐述为什么要采用主题化业绩行动规划、如何设计主题化业绩行动规划。

NLP 教练技术强调要设计一套流程，定好目标然后制定具体每一步怎么去执行，有规划地去完成任务。像无头苍蝇一样乱飞肯定不是好的行动策略，做好规划，根据设计的指令进行才是实体零售科学管理的方法。

第二节　莫要让你的数据只是数字

在门店实际运营中，很多店长会让员工在微信群里汇报每天的销量、连带率等数据，但是汇报之后就没有后续了。要知道，数据意味着信息，为了统计而统计是没有意义的。

零售行业中的任何一家门店，都会不断地产生数据，其中有一些关键的数据，如进店量、成交率、连带率、平均折扣等。了解并把握这些数据的内涵，是数据发挥作用的关键，是规划的重要前提。

数据意味着信息，不要让你的数据做没有意义的数字，挖出数据中的"金矿"，让数据做有用的信息。下面就销售中的一些关键数据，分析其包含的信息，以及如何应用这些数据进行店铺分析。

数据不只是数字，还可反映信息

1. 进店量

统计进店量，可以让每个店员统计自己的接待人数，再把每个人的接待人数汇总。每个人都清楚自己接待的人数，这样统计起来会更精准。周末人流量极大的时候，可以采用分时段统计，以一个小时或两个小时为一个阶段统计，这样销售人员是能记住的，统计出来的数据相对来说也是比较精准的。接待人数在后期分析数据时起着重要作用，因为进店量能反映出很多信息，如表 2-1 所示。

表 2-1　进店量可反映出的信息

进店量多	进店量少
品牌知名	品牌不知名
地理位置好	地理位置不好
店铺形象好	店铺形象差
员工状态好，店铺氛围好	员工状态不佳，店铺氛围差

不难发现：阿迪达斯、Only 女装等知名品牌的进店量总是其他非知名品牌的好几倍，这些知名品牌即使没有促销活动依旧客满盈门；在百货商场里，靠在电梯口的店铺进店量要远远大于处于犄角旮旯里的店铺；顾客更愿意走进那些装修精致、有特色的店面，店铺装修普通的店面对顾客难以构成吸引；员工状态和店铺氛围好时顾客就会非常多，员工不在状态和店铺氛围差时顾客也会莫名其妙地少得可怜。掌握进店量这一数据包含的信息，当数据低于预期时，管理者可根据实际及时对相关方面进行调整。

【实战案例】

很多时候，门店的客流量变化并不大，但是员工却在抱怨顾客流失，这是因为没有具体的数据，员工“拍脑门”地认为业绩不佳是因为没有顾客。为此，用合理的方法对客流量进行统计就十分必要了，在实际中赛琪运动对客流量的统计工作就做得比较好，下面将其使用的方法予以介绍以供参考。

1. 客流量计数器

客流量计数器是一种电子产品，其原理是利用红外线统计进出店人数，除以二得出客流量。采用这一方法操作简单便捷、成本低廉，但是弊端也很明显，只要有人在门口进出便会统计进去，无法区分顾客和导购，因此最后得出的数据并不是很准确。

2. 摄像头数据统计

为提升统计准确率，可借助高端产品，采用摄像头来识别顾客并进行统计。这一方法的成本相对要高昂一些，因此那些坪效比较低的店铺不推荐使用。

3. 人工统计

人工统计的方法稍显笨拙，但是适用于大部分门店。具体做法是下班后由员工将自己接待的顾客数进行统计，所有员工统计的数据进行相加便是一天的客流量。为保证统计工作落实并坚持下去，一般需要管理者设置一些激励机制将这一工作推动下去。另外，具体是按批次统计还是按人头统计，由公司根据品牌属性设定统一标准即可。例如，女装品牌不统计小朋友，内衣品牌不统计老年男士。

2. 成交率

成交率 = 成交人数 ÷ 进店量。成交率可反映的信息需要店长格外注意，把握好这些信息，才能适时调整产品，适时引导员工。

（1）产品是否适合市场。

成交率可以反映出产品对市场的贴合程度和对目标顾客群体的匹配程度。ZARA、H&M、优衣库的成交率非常高，就是因为其产品紧密贴合市场，受到了目标顾客群体的喜爱，因此即使没有促销活动的噱头，没有导购的引导，这些店铺的成交率依旧非常高。

（2）员工的销售心理。

在实际的工作中，很多导购患有成交恐惧症，只要顾客不说“这件衣服包起来”“我买了”，导购便会让顾客一直试下去，不敢说出让顾客成交的话，因为他害怕顾客拒绝。

通过成交率断定导购患有成交恐惧症时，店长需要在心理上转移其注意力，鼓励导购大胆地去尝试，可以告诉导购一句话：“顾客拒绝五次之内不等于拒绝，当顾客拒绝一次你还有四次机会，顾客拒绝两次你还有三次机会，依次类推，不要害怕顾客的拒绝。”这句话在实际落地过程中得到了很多导购的认同，当被顾客拒绝后，他们会积极暗示自己，“我不害怕，我没问题，我还有第三次、第四次”。这样通过一周的数据统计，他们的成交率比以前增长了，改变销售心理带来了业绩增长。

（3）员工的销售技能如何。

导购与顾客交流得好，话术与匹配的肢体动作也非常到位时，成交率自然会提高。这时成交率不仅能反映出员工销售技巧的高低，同时还能衡量出员工的销售能力如何，管理者就可以就连带率的高低对员工进行有选择的培训。

3. 连带率

连带率 = 销售件数 ÷ 成交人数。连带率可以帮助我们了解一个顾客买走了几件衣服，顾客买得越多，销售业绩就越好。所以在实际分析数据的过程中，连带率是一个非常重要的数据，其可反映的信息，如表 2-2 所示。

表 2-2　连带率可反映出的信息

连带率高	连带率低
货品采购合理	货品采购不合理
员工连带意识强	员工连带意识弱
员工连带销售技能强	员工连带销售技能一般
产品陈列合理	产品陈列不合理

在现场采购货品时，有的人常常凭经验采购，喜欢哪一件便买哪一件，可能他更喜欢酷一点的外套，于是采购的货品中 80% 都是这些外套，结果可搭配的下衣太少，导致在实际销售中难以给顾客进行成套搭配试穿。因此，在采购中，采购人员需要有意识地将各种衣服进行搭配，顾客可试穿的成套货品多了，连带率自然也就高了。

在终端经常出现这样的现象，很多导购只有成交一件的意识，没有联系成交另一件的意识，顾客买一件导购就很开心了，没有更多的话术让顾客挑选其他衣服。另外，有的导购害怕连带，有连带恐惧症，在推销中会主动说出可以单件买走，在导购的潜意识里能卖一件都不容易，何况连带呢？所以，连带率低不仅能反映出员工的连带意识弱，同时也能反映出员工的一个心理，即害怕连带。

有的员工连带销售能力非常强，可以向一个顾客卖出多件货品，而有的导购一件都卖不出去，这跟员工的连带销售技能有直接的关系。通过个人连带率，店长可以清楚地知道应该对哪些导购进行连带方面的培训，进行销售方法的指导。

在产品陈列方面有个做得非常好的品牌，就是哥弟女装。哥弟女装陈列出的衣服大多都是成套搭配的，一件大衣里有内搭，内搭配有配饰等。这些都是导购自行搭配的，由于陈列非常合理，顾客在潜意识里就认为它们是一套的。因此，试衣服时，顾客往往会试一套，试穿后看到效果很好便会买走一身，连带率自然很高。

4. 平均折扣

平均折扣 = 销售金额 ÷ 吊牌金额。平均折扣可反映出的信息，如表 2-3 所示。

表 2-3　平均折扣可反映出的信息

平均折扣高	平均折扣低
促销活动力度小	促销活动力度大
员工偏向推销高价位货品	员工偏向推销低价位货品
员工销售技能强	员工销售技能一般
陈列合理	陈列不合理

【情景再现】

有一次我以顾客的身份进入一个百货商场去买一套西装。我进去之后走到一个品牌门前，这时导购主动过来迎接我："欢迎光临某某品牌，先生您到里边看一下，我们家上了一些新品。"在我走的过程中，导购说："先生我们现在有七折的活动，如果您今天选产品带走的话，还可以享受折上折。"我刚走进这家店铺，并不知道他们的衣服是否适合我，那他说再低的折扣对我也没有吸引力。因为我是冲着衣服去的，要先看看有没有适合的再说价钱。我在挑选衣服的过程中有喜欢的，也有不太喜欢的，接着我就到其他的品牌去转了。转了几家没有合适的，就又回到了他们家，这时店员说："先生这衣服非常适合您，我就给您包起来吧。"我说："你家东西太贵了，能不能再给我便宜点。"这时候我跟他说价格才表明我对价格的一种关心，这才是一个关键性的问题。顾客一进来导购就用低价位策略吸引顾客是不好的，你拿低折扣吸引顾客，直接给顾客一种心理暗示你们家可以打折，可以还价，这时顾客还会提出一个更低的价格让你为难。所以，平均折扣反映出员工用折扣去吸引顾客以达成成交的销售心理。

有的店铺在做活动时，原价产品旁边挂着特价产品。这样的鲜明对比有利于特价产品的销售，可是高价位产品就难以卖出去了，过季之后高价位产品就变成了折扣性的产品，需要打折去卖，久而久之就会形成一个恶性循环。产品陈列时，特价产品一定要找一个小区域集中陈列，其他正价产品按标准的陈列把它呈现出来。让顾客感觉到特价产品只是吸引顾客进店的一种方式而已，在导购引导的过程中，顾客可能会被特价产品吸引进店，但顾客可能会买走正价位的产品。所以，平均折扣也能反映出陈列是否合理。

除了进店量、成交率、连带率、平均折扣等，需要督导和店长重点关注的数据还有很多，如客单价、VIP 销售占比、达标率等，在此就不一一列举了。如果看不到这些数据中的信息，那么它们就只是没有任何意义的数字。让数据做有用的信息，让数据为店铺盈利"出力"，是数据最大的价值。

数据不只是数字，还可用于店铺分析

1. 多店分析

首先进行多店数据对比分析，如表 2-4 所示。

表 2-4　多店数据对比分析

项目	去年销售金额	销售任务 / 月	目标件数	实销件数	吊牌金额	实际金额	单数	VIP 销售金额
店铺一								
店铺二								
店铺三								
店铺四								
合计								
项目	接待人数	达标率	成效率	连带率	VIP 销售占比	客单价	平均单价	平均折扣
店铺一								
店铺二								
店铺三								
店铺四								
合计								

第一，区域数据间的对比。表2-4把一些该分析的数据结合在一起了。纵向是店铺一、店铺二、店铺三、店铺四和合计。横向为去年销售额、月销售任务、目标件数等各个具体指标，这些内容可以做成嵌入计算公式，把数据填入表格，计算就会自动生成。当数据自动生成后，横着竖着进行对比，可以发现每个店铺的优势和劣势。例如，如果 H 品牌在该区域有四家店铺，其中三家店铺的连带率都很高，就说明这是 H 品牌在该区域的一个优势。再找出店铺共有的一些劣势，就是在该区域的劣势。找出区域优势与劣势便于管理者进行多店数据分析，指出应该提升什么，下一步着重抓什么，业绩提升的关键点是什么。通过这个数据对比，就能找到区域下

一步的统一行动目标，找到对应的匹配策略，完成区域的指标。

第二，店铺层级数据对比。店铺数据层级一般是 A + 店铺、A 类店铺、B + 店铺、B 类店铺、C 类店铺、D 类店铺，可以将同类型和不同类型的店铺进行对比分析，结合达标率、成交率、连带率、客单价、平均单价等进行相应的对比，了解每家店铺的特色。

2. 单店诊断

多店数据分析能帮助我们了解整个区域店铺的优势和劣势，而单店数据分析则可以帮助我们诊断自己店铺的优势和劣势。

大部分人巡店时是通过“望闻问切”的方式来诊断店铺的。

“望”，即通过看店铺的门头、活动情况、位置、店铺里的环境和装修、人员的状态等，对店铺做初步诊断。

“闻”，在巡店的过程中通过这一方式了解员工的销售技巧，听一听员工在销售过程中有哪些话说得好，哪些话说得不好，需要怎么改进，以此判断这个店铺的销售能力如何。

“问”，有的时候我们还需要通过问的方式，了解员工的心理和店铺的氛围，问问他们对公司的建议和要求，以及需要哪些支持。

“切”，也就是看数据，透过数据去分析背后的本质现象，通过表象结合数据，能对店铺做出更完整的诊断。

第一，通过业绩公式来诊断。业绩 = 进店量 × 成交率 × 连带率 × 平均单价 × 相对应的天数。这个公式中的都是关键性的指标，把这几个核心数据结合在一起就能对单店销售能力做诊断。

【实战案例】

关于店铺诊断，可以邀请一个店长回答几个问题。第一个问题是："你上个月的实际销售金额完成了多少？"他说完成了 21 万元，继续问："任务是多高？"他说任务是 26 万元，还未完成。第二个问题是："每天平均能进店多少人？"他说每天进的人数不一样，没有具体地统计过，请他估计一下，他说了一个人数。继续问："你的成交率是多高？"他说大概为 50%。"你的连带率有多高？"他说每个顾客能买两件走，"你们平均单价有多高？"他说大概在 1100 元。把他相对应的工作天数写下来，最后计算出的结果远远超过他任务的好几倍，有六七十万元，当他看到计算出来的结果时，他自己也傻了。这只能说明一个问题，就是他对数据不敏感，回答的数据有很多都是不准确的。

当他说出这些数值时，就说明他认为它是合理的，他的店铺应该能做到这些，假如店铺的销售人员都达成了指标，那他的任务已经完成几倍，甚至可以超额完成了。这样看公司给的任务还高吗？所以通过这个诊断公式，可以更准确地诊断出店铺的实际状况。

很多品牌的数据中有两个重点，即连带率和平均单价，这两个数据是可以得到的。但是很多品牌是没有进店量和成交率这两个数据的，而这两个指标在实际的店铺诊断过程中是非常重要的。通过业绩公式我们可以推出成交率，利用实际销售数据，设成交率为 X，其他数值不变，这就很容易把 X 数值求出来，而且结果接近现实。这样就可以知道比较正确的成交率是多少了，也就能准确地知道店铺的成交率和进店量，还能了解店铺的其他数值，进而了解店铺真实的销售状况，这就是通过业绩公式对单店做的一个诊断。

第二，通过单店与区域均值对比进行诊断，即根据数字对比发现单店的优势和劣势。根据单店诊断，可以了解单店的销售特色。

结合数据，根据每一个数值背后反映出来的问题，能更加准确地分析出店铺的实际情况。再结合店铺的真实情况，就能找到店铺的问题根源，从而匹配出更加合理科学的策略，进而加以解决。

第三节　主题化运营管理——简单、粗暴、有效

在实际中，很多零售企业的管理者，他们往往都是直接跟店长说这个月的业绩目标是多少，但是不给店长具体的行动指令，什么都要店长自己拿主意。这就造成了店长不知道从何入手，然后店长直接给下面的员工分配各自的业绩目标，也没有给各个员工具体的方案。这又造成员工很困惑，不知道该从何入手。

这是普遍存在的现象，其背后的根源是什么呢？当业绩完不成时，管理者总认为是店长能力不行或不积极、不主动等，而真正的原因其实是店长已经没有提高业绩的方法了。每一位店长都非常负责，每一位店长都希望月任务能够完成，他们将过去学到的经验和方法都用了一个遍，但是结果还是解决不了问题；直接领导也没有给店长可行的方法，还总是说：“我不管你用什么方法完成业绩，我只要结果！”这样的话让店长听了后更迷茫。如果管理者带着店长梳理出一套可行的方法后，店长的自信心会马上被点燃，执行力会大大提高。所以在实际工作中没有新的有效方法，只能使用过去的那些“眉毛胡子一把抓”的方法，这是一种没有主题的运营管理，并非我们所提倡，我们主张采用主题化运营管理。

主题化是指着眼于某一个具体的指标去提升，这个指标可以是成交率、连带率、进店量等任何一个指标。集中于某一指标，将其操作流程演练到极致，围绕这一主题进行各项管理，这就是主题化运营管理。之所以采用主题化运营管理，是因为它有着巨大的优势。

化复杂为简单

一般来说，提升业绩就是指要多卖货。在终端，店长关心门店的业绩，导购关心自己的业绩，因为业绩代表着他们的工资。想要拿高工资，他们就要想尽办法多销售。但是业绩不是具体的目标，只是最终的展现成果。于是常常可以看到，终端人员总是很辛苦，他们总是不停地在做事，总是不停地在加班，可最后的业绩却并不是想象中的那么理想。

一团乱线，这是对一大部分终端人员的生动刻写。面对最终的目标，抽丝剥茧，梳理流程，这样工作起来不是就简单多了吗？主题化运营管理就是抽丝剥茧，根据门店的情况，选择一个具体的目标，暂时抛开其他问题，集中精力去解决一个问题，化复杂为简单。

大幅增加门店的进店量，提高货品的成交率，提高顾客购买的连带率……如果这么多方面同时进行，问题就会变得复杂，执行中难以做到面面俱到，出问题时更是手忙脚乱。但是，当只选择其中的一个方面给予系统解决，问题就会变得非常简单，彻底解决好之后再逐渐转移到另一个方面，直到各个问题都得以解决，化繁为简，这就是主题化运营管理。

对问题予以“粗暴”解决

如果店铺的问题是业绩不佳，你应该如何解决这一问题呢？相信很多人都会觉得这个问题有些难，同时可指出需要提升的点似乎又很多，比如采购畅销货品、提高销售技能、做好服务工作等，但是执行起来似乎依旧是没有目标，如此不清晰，问题自然就难以解决。

主题化运营管理看到的问题是具体的，没有业绩不佳，只有进店量低、连带率低、成交率低等，然后针对某一问题进行集中解决。下面以连带率为例，阐述主题化运营管理是如何看待问题和解决问题的。

连带率为什么低？是不是货品采购不合理，采购人员只采购了自己喜欢的货品，导致货品无法进行搭配；是不是员工没有连带意识，患有连带恐惧症，顾客买走一件货品便很开心，根本没有让顾客挑选第二件的话术；是不是员工连带销售技能弱，甚至连一件货品都卖不出去；是不是货品陈列不合理，展示的货品都是孤立的，没有进行搭配展示，造成顾客不会想着去成套购买；等等。采用主题化运营管理，会从一些具体的方面分析出各种可能的问题，然后就这些问题给出具体的应对办法。

相应地，如何提高连带率呢？培养采购员的采购能力，对其进行采购方面的专项培训；提高员工的连带意识，可通过绩效予以激励；提高员工的连带能力，让能力强的员工进行经验分享；合理陈列货品，安排员工学习搭配知识，向顾客展示搭配好的产品；等等。有了具体的执行办法，自然就容易落地，问题得到解决也就是理所当然的事了。

总是看到宏观大面的问题，不如细细想一想微观的问题，把具体的问题摆出来，然后直面问题，予以“粗暴”解决，主题化运营管理就是如此。

有效果是“硬”优势

门店管理者绞尽脑汁去思索运营管理方式，归结到一点就是想要有明显的效果。

忙，等于有效吗？在终端，员工很忙，他们一会儿理货品，一会儿给顾客打电话，一会儿搞搭配，一会儿做销售……他们一刻不停，可这并不代表他们收获了明显的效果。这种忙是没有方向的忙，是低效的忙。

不忙，等于无效吗？这里的不忙不是指员工消极怠工，而是指与同时做多件事情相比，集中于一件事要轻松得多，而这种不忙意味着的是高效完成任务。

当店长告诉员工这个月的目标是进店量提升 30%，员工有了具体的目标，而且这个目标也不是难以完成的，这时员工会自己动脑想办法。同时，重点去提升某一方面会让员工忙到昏天地暗吗？答案是显而易见的，不会。集中于某方面，不仅不会让员工过分忙碌，还会让员工从繁重的工作中解脱出来去思考该如何做。因为目标集中，有一个范围时策略就比较容易得出。当有策略时，对应的行动就会更加具有针对性、条理性，最后的效果也会更加显著，这也是主题化运营管理的一大优势。

无主题是多头并进，操作中难度更大，效果也不一定理想；而主题化是集中注意力解决某方面，操作简单，方法“粗暴”，效果良好。清晰了主题化运营管理的优势，接下来我们分析一下如何进行主题化行动规划流程。

第四节　业绩倍增的高效管理流程

把握好各个数据中的信息，然后设计主题化业绩行动规划，这样的规划更加科学合理。店铺业绩提升的主题化行动规划流程，要把注意力从以前只关注结果，转移到关注过程上；从以前只要业绩，没有相匹配的一套流程，转移到现在通过一套完整的规划，达到我们想要的结果上。主题化业绩行动规划流程包括订行动目标、订行动指标值、订行动策略、订激励机制、监控评估等一系列步骤，下面逐一进行阐释。

第一步：订行动目标

对店铺进行诊断后，可以选择优势或劣势作为业绩提升目标。一般情况下，准备落地新的知识和流程的时候，要选择优势，因为当一个新内容出现时，大家都是比较抵触的，只有选择优势才能让员工更好地接受，提高员工的执行力。

具体确定业绩提升的行动目标，一般可分为如下三个步骤：①统计销售数据。②对比分析区域数据。③选择业绩提升目标，如表 2-5 所示。

表 2-5　确定业绩提升行动目标

项目	进店人数	成交率	连带率	平均单价	VIP 销售占比
区域平均值	450	30%	1.7	1375	32%
本店数值	578	26.3%	1.9	1195.2	24.6%

表 2-5 将本店与区域平均值数据进行对比，由此可知，本店进店总数和连带率高于区域平均值，为优势；本店成交率、平均单价、VIP 销售占比低于区域平均值，为劣势。那么选择优势还是劣势作为业绩提升目标呢？笔者建议选择优势，如此建议主要是基于员工心理和技能两大因素考量得出的。

（1）员工心理因素。

自己擅长的事情潜意识里比较容易接受。例如，领导让从如下两项任务中选择一项完成：一项是自己擅长的事情，会有一些挑战；而另一项是从来没有听说过的事情。绝大部分人会选择自己擅长的事情，因为自己擅长的事情容易把控，自己有信心，容易得到领导的认可，这就是人的潜意识选择。

门店执行一件事情，这件事在员工的潜意识中，容易标注为这是工作额外的事情，潜意识会拒绝，如果领导强压执行，员工潜意识中会衡量自己是否喜欢这件事情，如果喜欢就容易接受；如果不喜欢，就会一边做一边抗拒，这件事情最后一定很难达到想要的结果。

（2）技能因素。

员工擅长的事情，一定是在这方面的技能上有一些优势，如果让他学习提高自己擅长的一些技能，员工会更专注地学，同时更容易出效果。

选择优势还是劣势，也可根据自己的部门或门店的情况而定。如果下属的执行力很好，可以选择劣势作为行动目标；如果执行力一般，先选择优势作为行动目标，大家更容易接受一些。

从表 2-5 中可以看到，这个门店中有两项是优势，那是不是两个都选择提升呢？答案是否定的，要在两项中选择其中的一项。运营新思维中提到，选择一件最主要的事情做，并把这一件事情做到极致。如果中层所管辖门店不多，就可以让员工自己选择行动目标；如果管辖门店数量很多，通过大数据分析，选择一个行动目标，所有店铺统一执行该行动目标。这样一方面可以减少中层的工作量；另一方面有了案例输出，便可以让其他门店学习成功经验。

第二步：订行动指标值

确定了落地主题后，要选择出一个指标值。通过区域销售数据的对比分析，找到自己的优势和劣势，然后进行优势和劣势的选择，而后确定业绩提升指标值，从而匹配落地主题。

落地主题达到什么地步才算完成，这需要我们计算出具体提升的指标值。计算指标值的步骤如下：①找出计算业绩的公式，即业绩 = 进店量 × 成交率 × 连带率 × 平均单价 × 相对应的天数；②找出店铺里同期相对应的业绩公式里的几个数值；③计算出要具体提升的指标值；④设定三个指标值。关于计算指标值的具体步骤，可参见如下案例。

【实战案例】

某品牌8月销售数据，见表2–6。9月该品牌的销售任务是40万元，请根据8月数据计算出9月的连带指标值。

表 2–6　某品牌 8 月销售数据统计

项目	进店人数	成交率	连带率	平均单价	VIP 销售占比
区域平均值	450	30%	1.7	1375	32%
本店数值	578	26.3%	1.9	1195.2	24.6%

第一步：业绩 = 进店量 × 成交率 × 连带率 × 平均单价 × 相对应的天数。

第二步：上个月指标值，总进店量为578人、成交率为26.3%、连带率为1.9，平均单价为1195.2元。

第三步：计算平均每天进店人数，即578÷30≈19.3人；计算连带率（连带率=新任务÷进店量÷成交率÷平均单价÷天数），即400000÷19.3÷0.263÷1195.2÷31≈2.13。

第四步：设定三个指标值，即基础指标值设为2.13；冲刺指标值设为2.3；挑战指标值设为2.4。

在实际落地执行过程中常常会发生这样的情况，有的店铺上周连带率任务已经完成，于是就想换一个落地主题，可是店铺的连带率真的提高了吗？如果店铺的连带率任务在第二周、第三周都能超额完成，那说明这个店铺里的人员是有能力的；如果降低了，而且比以前还低，那说明店员的销售技巧或心态有问题，需要深入分析一下具体根源。而设定三个指标值，每个指标值的目的是不同的，当三个指标全部完成才能说制订的主题目标计划完成了。

店铺设计的三个指标值具有如下目标：第一个指标值为基础值，是经过计算得出来的，完成这一个基础指标值对应可以完成销售任务值。第二个指标值为冲刺值，这个指标值可以拍脑门订一下，比第一指标值高一些就可以，目的是完成第一指标值后防止员工松懈下来。第三个指标值是挑战值，也是拍脑门订出来的，当第二个指标值完成了，那就继续冲第三个指标值，挖掘员工的潜能。

需要注意的是：有些管理者看到员工把第三个不可能的指标值都完成了，就会认为以前的指标值订得太低了，开始在下一个月的时候，提高原先制订好的指标值，这是一个贪婪的心理在作怪，会伤了员工心的，建议不要这样做。

第三步：订行动策略

落地主题和指标值确定后要匹配具体的策略。首先要找出该主题操作中的关键技能，然后将这个技能练习到极致。需要注意的是，每一个主题的关键点是不同的，因此必须合理分析出主题的关键点，设置科学的操作流程。

下面以平均单价为例，阐述策略制订流程。

第一步：筛选出店铺高价位的货品，每人找 2~3 套高价位货品。

第二步：通过团队共创，由店铺店员一起商量拟定出在顾客购物中什么时机推荐高价位的货品。例如，在顾客进店后随意浏览货品的时候，可以推荐已经搭配好的高价位货品；在顾客试穿的时候，可以推荐顾客多套试穿。再通过团队共创找出每套货品的推荐话术，这样导购就会有充足的准备，成功的概率会更高。

推荐高价位的两个时机，加起来就变成了一个推荐高价位的技巧操作流程，通过大量的训练，让导购清楚地知道在什么时机做什么事情。

第三步：将话术写在 A2 或 A4 纸上，并张贴在库房中，如果没有库房可以放在导购熟知的地方，为导购学习提供便利。

围绕落地主题的关键点设置操作流程，提供的服务才能更具针对性，选择的落地主题指标值自然也就容易达成了。

第四步：障碍分析及解决方案

做任何事情，都要先想象一下执行过程中会遇到哪些问题。在执行的过程中无非会遇到两个障碍，一个是心态的障碍，另一个是员工技能的障碍。心态的障碍常常大于技能的障碍，往往是内心的情绪在阻碍着事情的开展。大家不接受这个事情就不愿意去做，不愿意去做就无法达成结果，因此首先要解决思想问题。心态是最大的障碍因素，思想问题解决了，行为就容易掌握，再学习一些解决方法和技术性问题，熟能生巧后总能达成结果。

例如，在实际销售中有些员工总是喜欢销售低价位或打折的货品，如果店铺员工都在卖打折和低价位的货品，就会直接导致正价货品销量偏低，大量正价货品积压在仓库，过季后，这些正价货品便只能打折销售，久而久之就会陷入一种恶性循环。员工为什么总是想卖打折或低价位的货品呢？究其根源，其中之一就是害怕销售高价位的货品，员工自己认为价位太高了，顾客根本不会买，或是员工推荐高价位的货品，顾客经常性地拒绝，这也会导致员工不敢销售高价位货品，如果这件事情不解决，后果自然就会很严重。

其实这便是一种心态问题，如何改变员工心态，让员工主动选择卖价格更高的正价货品，这是很多管理者遇到的难题之一。NLP 教练技术创造出了很多转移员工心理的方法，其中一个方法就是注意力转移法，在实际的落地过程中转移心理的方法就是重新让员工对自己做个定义，给员工自信。

例如，给员工设定一种新的衡量标准：一流的销售人员卖高价位和原价位的货品，三流的销售人员卖打折和低价位的货品，你属于哪一流的呢？当把这一标准同员工分享之后，员工会产生认可，这时很多员工就会积极地去卖高价位的货品，因为他要证明自己是优秀的，自己是可以卖高价位货品的。对一流销售员的定义，让员工有了衡量标准，知道自己努力的方向是什么，同时知道做到什么程度是达标的。这就是注意力转移，转变员工的心智模式，让他们接受这个事情，结果就容易实现了。给员工做宣导的时候，要让他们用心体会员工衡量标准的意义。

第五步：订激励机制

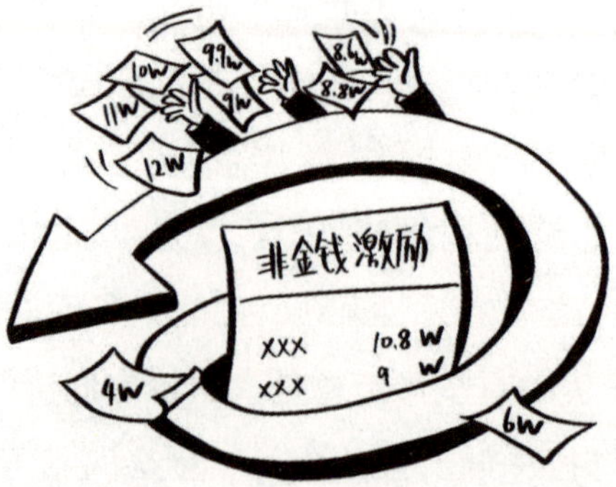

现在很多管理者给员工的激励更多是金钱的奖励，金钱的奖励有一些弊端。一方面，金钱激励就像无底洞一样，这次给一百，下次就要给两百，下下次就要给三百，只能越给越多。另一方面，金钱激励时效短，就如在微信群里为获奖者发红包，获奖者点开红包的那一刻他是很开心的，点完了激励也就结束了，快感持续时间太短。

在一线门店中，90 后的员工越来越多，大部分 90 后的经济压力不是太大，他们对金钱没有太大的概念，而是更加注重情感，如归属感、安全感、认可感、价值感、成就感、快乐感、尊重感、体验感、参与感、荣誉感、幸福感等。因此，对 90 后来说金钱激励往往并不奏效，而情感类激励可以满足 90 后的需求，取得很好的效果。

我们把情感类需求称为非金钱激励，即不直接给钱的激励，顾名思义，也可以把钱变成物品来奖励。非金钱激励分为非金钱奖励和非金钱处罚。需要特别注意的是，员工也特别讨厌罚钱，甚至是罚 1 元钱，都会感觉很反感，所以在员工惩罚的时候，可以多设计一些非金钱处罚的方式，让员工更容易接受。

非金钱激励看似简单，其实并不简单，落地中也有很多店长没有取得成功，原因很简单，就是死搬硬套，没有真正理解非金钱激励的精髓。想要非金钱激励效果好，要掌握好关键点。

第一，要让大家接受非金钱激励这件事情。

无论做什么事情，如果员工有抵触情绪，再好的事情也做不出效果，作为管理者在执行任何事情时，首先要思考自己如何讲解，员工们会更容易接受。可以通过宣导这个工具来提高员工的接受度。

第二，激励方式要员工自己说出来。

在日常工作中，激励的内容都是领导设计的，设计好后就通过各种方式传达一下，其实这种激励是公司行为，员工是被动地接受，所以效果一般。最好的激励就是要符合员工的意愿，当员工自己说出自己想要的，激励效果才会更强。因此，在制订激励方式的时候一定要让员工说出自己的意愿，而非被动式接受。

【实战案例】

笔者曾到赛琪运动重庆南川店巡店，针对非金钱激励做了一次示范，让该店的员工们感受到了非金钱激励的流程与氛围，并让他们接受了这个工具，笔者的引导流程如下。

第一步：通过店长将店内人员召集在一起。

第二步：做宣导。“各位伙伴，很高兴认识大家，大家是不是每个人最近都有自己的一个小愿望呢？如果没有，现在也可以马上想一个，自己每天努力工作，想要一个什么样的小奖励呢？请大家思考一分钟。”在笔者的引导下，大家开始思考自己的心愿。

第三步：愿望分享。鼓励店内人员分享自己一周的小愿望。第一个人说：“我的小愿望是给孩子买个玩具。”第二个人说：“我想要吃一顿大餐。”第三个人说：“我想要陪孩子一天。”第四个人说：“我想吃零食。”第四个人刚一说完大家便开心地笑起来了，笔者马上说道：“大家不要笑，每个人说出自己真实的想法，我们都要尊重。”

第四步：做约定。笔者继续说道：“我们每个人都说出了自己的想法，这非常好。接下来我们就一起实现这些小愿望好不好？”大家齐声说：“好！”于是笔者顺势说道：“这周谁业绩第一，谁可以实现自己的小愿望好不好？就由业绩最后一名的人来满足他好不好？实现愿望的钱不能超过 30 元，可以接受吗？”大家统一表示接受了这个建议。

第五步：张贴。店内的员工们将愿望统一写在了一张 A4 纸上，签上自己的名字，并装饰一下，贴在了库房进门处最显眼的地方。

这是赛琪运动的一个非金钱激励的引导案例，符合员工意愿的激励对员工才是最有动力的，可以让员工鼓足干劲并严守规则执行。

第三，要兑现。

有些个别的管理者认为重金之下必有勇夫，于是制订了一些奖励金钱特别多的激励方法，但实际情况是当达到管理者的预期时，管理者往往会计算投入产出比，当投入大于产出的时候，管理者就不愿意及时兑现，员工就会认为领导都是在说空话，直接削弱了员工的积极性。兑现在员工内心是非常必要而重要的事情，兑现就是实现承诺。

第四，要有仪式感。

人的内心深处对被重视感、认可感等有着强烈的需要。例如，一个非常隆重的结婚仪式和一个非常简单的结婚仪式，新娘对哪种仪式幸福指数更高呢？一定是隆重的婚礼仪式，在店铺中也一样，得了第一名的伙伴，对接受颁奖的仪式记忆会更加深刻，这种幸福指数比金钱奖励时效更长。

第五，每周一变。

很多品牌制订的激励机制几年都不换，员工就感觉没有什么意思了。现在 90 后的员工喜欢多变性，讨厌墨守成规的事情，激励就更需要有变化。一种激励使用一周，下一周变换新的激励内容，可以让员工感觉到乐趣，提高员工的执行力。

最后需要注意的是，在落地过程中会遇到各种问题，如员工不愿意说自己想要的奖励和可以接受的惩罚等，这就需要管理者静下心来去思考为什么，多问几个为什么，找到事情的根源，具体可以参考本书第八章第四节中的 5WHY 方法。此外，关于非金钱激励还有很多具体方法，本书第五章第三节进行了详细阐述，此处不予赘述。

第六步：监控与评估

在实际的运营管理过程中，店铺最缺的是监控与评估。不做相匹配的监控评估，一件事情就难以执行下去，因为大家在做的过程中并不知道做到什么程度比较好或做到什么程度是对的。当没有衡量标准的时候，大家越做越没意思；当有了衡量标准，大家知道还没有达到标准，便会继续努力，在潜意识里就会有正能量的动力出现。所以，做任何事情都要匹配相应的监控与评估。

得到任务后，顺着这一套流程做出完整的主题化业绩提升规划，员工就会有方向和策略，清楚了解自己该做什么、不该做什么、做到什么程度，然后与门店的员工一起去行动、去落地，这样就容易达成预期的目标，这就是主题化业绩提升规划的魅力。关于监控的具体内容，在第七章第四节将会有详细分享。

总结

以上是业绩倍增的高效管理流程，那么具体的落地工具表呢？将如上所分享的内容进行整合，将上文中的每一个步骤都在这个表格中进行体现，即可做出月度落地计划表，对这一个月进行主题化业绩提升做个规划，如表 2-7 所示。

表 2-7 月度落地计划表

店铺名称		
时间	3 月 1 日 ~3 月 31 日	
负责人（店长）	××	
非正式组织	组长：×× 学习委员：×× 纪律委员：×× 组织委员：×× 万能委员：××	
业绩规划		
1. 落地主题选择	连带率	
方法	优势	劣势
销售数据对比	区域对比值，高出区域平均值 0.12 大家对公司连带奖励比较看重 老顾客居多 新货品占比大	其他数值与区域对比值接近 低于区域平均值 店铺位置一般
员工个人销售力分析	店铺是老员工，有连带意识	试穿率不高，给顾客推荐多件衣服，顾客上身率低

<table>
<tr><td>2. 提升指标值</td><td colspan="3">（提升指标值：　　　　　　　　　）</td></tr>
<tr><td>去年同期数据</td><td colspan="3">进店人数：　　成交率：　　连带率：　　平均单价：</td></tr>
<tr><td>具体任务指标值</td><td colspan="3">连带率 = 新任务 ÷ 进店量 ÷ 成交率 ÷ 平均单价</td></tr>
<tr><td>3. 具体目标策略</td><td colspan="3"></td></tr>
<tr><td>筛选出的策略</td><td colspan="3">增强多件试穿话术（参考书籍《服装导购读心术》）
给顾客多拿搭配衣服</td></tr>
<tr><td>4. 障碍分析</td><td>障碍因素</td><td>本月重点事项</td><td>具体方法</td></tr>
<tr><td>心态</td><td>没有连带意识
害怕连带
不愿意说</td><td rowspan="2">提高连带意识</td><td rowspan="2">视觉连带法
听觉连带法
感觉连带法</td></tr>
<tr><td>技能</td><td>连带话术不精准
话术说不好</td></tr>
<tr><td>5. 激励机制</td><td colspan="2">非金钱激励</td><td>非金钱惩罚</td></tr>
<tr><td>第一周</td><td colspan="2">连带率最高的可获得奖状</td><td>连带率最低的打扫库房一周</td></tr>
<tr><td>第二周</td><td colspan="2">连带率最高的奖励电影票一张</td><td>连带率最低的为其他同事熨烫衣服</td></tr>
<tr><td>第三周</td><td colspan="2">连带率最高的奖励胸针一枚</td><td>连带率最低的在交接班时为大家表演节目</td></tr>
<tr><td>第四周</td><td colspan="2">连带率最高的可以跟店长提一个合理要求</td><td>连带率最低的在周末为大家准备晚餐</td></tr>
<tr><td colspan="4">落地执行计划</td></tr>
<tr><td>第一周</td><td>第二周</td><td>第三周</td><td>第四周</td></tr>
<tr><td>统一思想</td><td>技能熟练</td><td>冲击业绩</td><td>超额完成</td></tr>
</table>

你还在利用折扣吸引顾客吗？
你还在放任员工各种抱怨吗？
你还在教授传统销售技巧吗？
如果是，那你该换个“脑袋”了。

第三章
换个“脑袋”做销售，实现销售人才快速复制

第一节　不要走进销售的误区

【小场景】

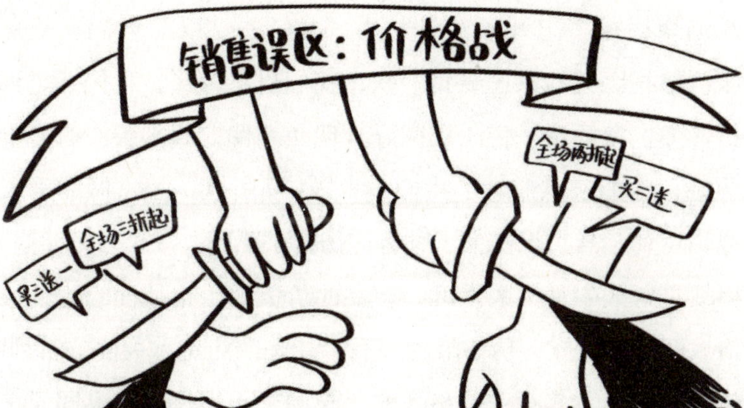

你在王府井百货开了家门店，你的竞争对手就在隔壁；你在国贸开了家门店，你的竞争对手就在隔壁；你在银泰开了家门店，你的竞争对手就在隔壁……你的隔壁总是你的竞争对手，对手门店门前立着一块牌子，上面写着“挥泪大甩卖”，你该做出什么应对策略呢？

王先生选择正面回击，积极投入价格战。竞争对手“买三送一”，王先生便“买二送一”；竞争对手“全场三折起”，王先生便“全场两折起”；竞争对手赠送健身卡，王先生便赠送美容卡……最后，竞争对手终于撑不住关店了。王先生本想着打垮了竞争对手，自己之前的不计成本促销便能停止，便能顺利取得这一区域的市场，赚取更多的利润。然而事实并非王先生所预料那般，由于常常打折，王先生的货品在消费者心目中价值缩水，如果没有打折活动，消费者根本不会前来购买；关店的门店又迎来了一个新的竞争对手入驻，新的竞争对手用更低的价格带走了王先生大量的顾客，而王先生再无资金去同对方打价格战，很快便也关店了。

【追根溯源】

我们不能阻止竞争对手把门店开在隔壁，也不能把门店开在没有竞争对手的地方，但是我们能做的绝不只是盲目加入价格战。有的品牌做活动，活动结束后很多忠诚顾客流失了，顾客说：“以前你们家从来不做活动，衣服价格相比其他家还要贵一些，我们也愿意买，我们感觉你们家从来不打折，你们家质量一定比别家好，现在一件衣服刚买没有多少天打折就这么厉害，你们家以前赚了我们多少钱！”所以，经常做活动未必是好事。看似是让利，其实是伤害了顾客，伤害了品牌。

价格战是销售中最大的误区，产品的价值因价格战而缩水，门店的利润因价格战而收不抵支，价格战的最后只能是门店走入关闭的行列中。

我们都清楚，零售行业价格战的兴起源于同质化，产品同质化、渠道同质化、服务同质化、话术同质化等。为了在激烈的竞争中得到消费者的青睐，同质化的门店加入价格战似乎是理所当然的。同时，除了行业的原因，还有一些内在的问题，即销售中的问题，也是门店走入错误销售路径的根本原因。

（1）员工总是在抱怨。

在实际中，员工总是在抱怨："咱家货太贵了，不好卖""咱家没活动，太难卖了""咱家活动力度也太小了吧""咱家货都没有畅销的，货品不行"，等等。当管理者问员工销量为什么低的时候，员工可以给出十多个理由。员工抱怨多，接待顾客时自然也不会有完美的笑容、亲切的问候、贴心的服务，因为员工打心眼里就认为顾客不会买。

（2）陈旧的销售方法失灵。

等待顾客，迎接顾客，了解需求，推荐商品，达成交易，推荐关联产品，欢送顾客，这是各大门店广为学习的销售七步曲，但是这已经过时了，顾客根本不按你的流程出牌。很多门店员工说的话都是一样的，顾客逛了一天街，仅仅是"欢迎光临"就听到了二十几遍，以前的销售方法已经让顾客感到单调乏味，提不起半丝兴趣。

（3）销售过程缺少评估。

有的管理者意识到了销售方法已经不再适用，便采用新的方法。可是只教授员工方法却不演练，导致员工根本没有完全接受这一套新的方法，在落地中自然是执行不下去。而且，新方法的落地也没有一套标准，缺少评估，这导致员工演练与否都是一个样子，因此有的员工还是采用原有的销售方法，新方法形同虚设。

【NLP 教练技术】

NLP 教练技术强调"向内挖掘潜能、向外发现可能性"，充分运用好 NLP 教练技术，可以帮助员工实现技能的提升，做最好的销售员，同时使门店走上正确的销售路径，实现门店销售的快速增长。

（1）改变员工心智模式，化解员工抱怨。

很多员工对低价的折扣产品有极高的销售热情，因为顾客购买意向强烈，成交率比较高；那些高价的正价产品虽然完美符合顾客的消费需求，但出于经济方面的考虑，很多顾客也会望而却步，员工对成交率低的产品的销售热情自然也就提不上去。

对此，要通过 NLP 教练技术，改变员工的心智模式，引导员工发现并改进自身的不足，积极销售高价位的正价货。消除员工抱怨主要有三种方式，本章第二节将对这三种方式进行详细阐述。

（2）推陈出新，教授新的销售技巧。

在实际中，对员工进行销售七步曲、八步曲培训，顾客却不按流程出牌，也就是说练了半天白练，这容易让员工产生一些负面的情绪；对员工进行销售技巧培训但没有落地，对员工培训了很多但没有教会；教授员工销售技巧，可是光说不练，看到员工销售过程中有问题了，然后告诉员工应该怎么说怎么做，员工到底有没有做却没有去落实，也就是销售技巧光说不练，没有流程。“三招半”可以很好地解决这些问题。

“三招半”就是把主题化的流程关键解决点、关键技巧、关键流程拿出来，然后重新编排，像销售七步曲、八步曲一样，用一根线穿起来，这就变成了“三招半”操作流程。本章第三节将对“三招半”的操作流程进行详细介绍。有了新方法，在落地中就要有相应的过程评估，本章第四节将对此做详细的介绍。

第二节　销售中如何把抱怨化为动力

面对业绩不佳，员工爱找借口，要想转变这一现状便要转变员工的思维模式，引导其向外看问题转为向内找不足，用 NLP 教练技术解除借口。当借口解除了，员工才有动力，高业绩也就是理所当然的了。消除员工抱怨有三种方式，即教练式问话、重新定义、幸福导航图，下面对这三种方式进行一一解释。

教练式问话，转移员工注意力

管理者与下属沟通有两种方式，即命令式沟通（见模板一）、教练式问话（见模板二），用不同的方式沟通会产生不同的效果。

模板一

- 我认为你的问题是……
- 你应该想的是……
- 你应该做的是……
- 如果我是你的话，我将……
- 你应该从……方面开始
- 我告诉你要做的是……

模板二

- 你刚才叙述事情时的情绪和感受是什么？
- 什么样的结果是你满意的？
- 你做些什么可以使结果出现呢？
- 还有呢？如果有是什么呢？
- 这些方法中，你觉得哪个更合适呢？
- 你的第一步是什么呢？
- 什么时候开始做呢？
- 我什么时候能听到你的好消息呢？

这两个模板各有其适用的情景，模板一在教授新员工或新晋升的员工时使用效果很好，模板二在与老员工沟通时使用效果最好。

当管理者对老员工采用模板一命令式沟通时，对方往往会低着头，沉默着，脸上也没什么表情，有时甚至越来越急躁，越来越不耐烦，他们会认为领导不理解自己。结果事情根本没有得到很好的解决，还一直存在着，显而易见，这种方式的效果并不是很好。

而正确的做法是采用模板二的方式，即用教练式问话的方式与对方沟通。用教练的方式与大家沟通，可以帮助对方独立思考，找到自己的解决方案，详见下面的案例。

【实战案例】

在终端经常会定时地来很多货品，这就需要员工去整理，然后放到仓库，这时大家就很头痛，因为可能要拖延下班的时间，而大家都不愿意加班。很多人就会找类似“家里有事”这样的借口跑掉了。一旦有人请假不做这些事情，其他人的工作量就加大了。作为店长，希望大家共同、快速地完成这件事，而每个人都有自己的小心思，这样店长管理起来就很困难。

那如何解决加班的问题呢？我们就可以用教练式问话引导大家。

首先，先让他们抒发对加班的抱怨情绪。让他们说出自己的情绪，我们对此加以认同。

“是，我们该加班了，我能理解你这种感受。”表示认同就可以了，不需要多说什么。当他们抱怨得差不多了，接下来问他们一句话。

“什么样的结果是你想要的呢？”很多人直接说不加班，我们接着问下一句话。

“那做些什么可以减少加班时间或者不加班呢？”这一句话就是转变他们的思维模式，有的时候加班可能是正常的，货太多了避免不了加班，那么能改变的是什么呢？可以缩短加班时间，做得好了也可以不用加班。有人会说：“要不大家多配合配合，每个人干活速度快一些。”

“还有吗”“分工更明确些。”“还有吗？”“没有了。”

接下来我们可以问他们：“这些方法里你觉得哪个更加合适呢？”可能有人就会说：“我们把活儿分一下，相互之间配合起来，也许我们就可以不加班了。”

接下来我们就问：“你第一步应该怎么做呢？”“把大家召集在一起开会，做一下分工。”“第二步呢？”“接下来多演练一下，演练得多了，我相信大家配合得就默契了。”

“那什么时候开始做？”“就现在把大家组织起来开始做吧。”

“什么时候能听到你的好消息呢？”“今天就能听到好消息。”

这就是一种教练式问话，能让对方的注意力从抱怨的角度转移到如何解决问题上，同时让他自己梳理出一套解决方案，这样就可以让他自愿地达成我们既定的方向目标，完成既定的工作。

重新定义，改变员工心智模式

在实际工作中，经常可以听到员工说“太贵了”“好卖的货补不到”“别人家有活动，咱家没有活动”，这些就是员工下的一个定义。一些员工定义货太贵，定义没有好卖的货，定义没活动就不好卖；同时，还有一些优秀的员工在说“咱家定价太便宜了”“太好卖了”，这是优秀员工下的定义。

货品贵不贵、好卖不好卖跟员工下的定义有关系。我们需要转换员工的定义，把其旧有的消极定义转换成新的积极定义。

（1）重新定义之“货品太贵了”。

面对员工抱怨货品太贵，管理者要先对员工表示认同和理解，然后让员工对比那些卖货好的员工，让其看到自己卖不出去货的原因，看到自己同优秀员工之间的差距。可以提出“卖的是不是同一盘货”之类的问题，让员工思考，改变员工的心智模式，引导员工由从外找理由转为向内找不足，清楚认识自己，理解“没有卖不出去的货，只有不会卖货的人”，引导员工去向别人学习如何卖高价位的货。

同时，能卖得动高价货的，基本上在每家店里都是高销人员，他们的业绩都非常的高。高销人员一个月挣多少钱，抱怨的人员一个月挣多少钱，差距明显。这时候新的定义就出来了：一流的销售人员都是在卖正价和高价位的货品，三流的销售人员都在卖打折和低价位的货品，如果你想从三流的变成一流的就得卖高价位且不打折的产品。

有一个店长把这个新定义跟员工一说，他的员工便开始争着抢着卖高价位的货品，于是这家店铺的平均单价噌噌往上涨。可以发现，只要员工接受了，大家就开始努力，这就是一个定义的转变。当思维模式转变了，行为就容易转变，结果也会改变，从而达成我们想要的。

（2）重新定义之“好卖的货品补不到货”。

好卖的货品需要员工去卖吗？事实上是不需要的，挂在那里它自然而然也是畅销品。畅销的货品不需要员工卖，那还需要员工干什么？优衣库不需要员工，它只是把衣服挂在那里就可以了，好卖的自然而然就被人买走了。优衣库不需要导购，卖场那么大都没有导购，而有的品牌店铺才几十平米，员工就十几个，这些员工是用来做什么的呢？品牌请员工的根本原因不是让员工卖好卖的货品，而是把不好卖的卖出去。不好卖的货通过员工的引导卖出去才能体现员工的销售能力。销售别人卖不动的货才是高手，把现有的货卖出去，把难卖的货卖出去才是优秀的员工，给员工这样一个心理暗示，这就是一个新的定义。

（3）重新定义之“店里没有做活动”。

你想成为优秀员工吗？没有活动还能把货卖出去你就是优秀员工。有活动的货不需要员工卖，有个收银台就可以了。例如，做特卖时根本不用专门给顾客介绍产品，员工只要看好货不丢货，坐着收钱就可以了，因此有活动时卖货是体现不出员工销售能力的。给员工一个新定义，让员工积极卖那些没有打折的货。

重新定义从员工内在改变其心智模式，给了员工一个新的标准，要想做一流员工，必须去卖高价位的正价货，当员工改变了，门店的销售业绩也就提升了。

幸福导航图，让员工的工作回到正轨

在实际工作中常常出现这样一个现象，当管理者给员工下任务时，员工自然而然的反应是任务太高了。当员工抱怨任务多，工作便没有动力，是因为他已经忘了自己工作的初心，看不到未来的美好。这时就需要用幸福导航图（见图 3-1）来帮助员工重新审视自己，编织自己的梦，让其一步步走回正轨。那些所谓的懒散、混吃等死等现象也就不复存在，每个人都将是充满干劲的。

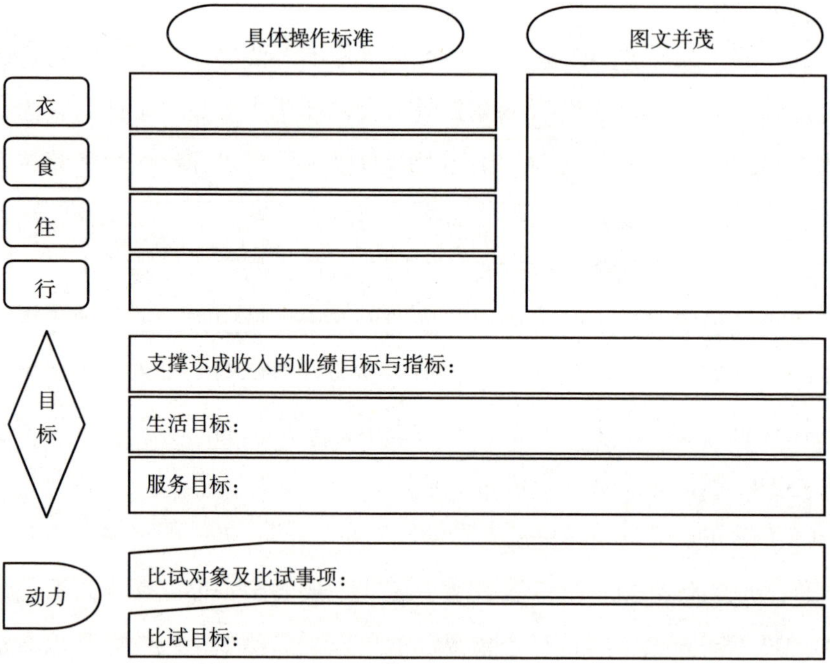

图 3-1　幸福导航图模板

幸福导航图的操作流程如下所示：

第一步，宣导。宣导的方式非常多，幸福导航图可以用想不想多赚点钱、想不想让自己更加幸福、想不想为自己和家人再多做一些、想不想让自己更加快乐等类似的问句来引导员工，在员工心中埋下美好的种子，让员工有继续下去的兴趣。

第二步，给每人一张便签纸。工作说到底就是为了多赚钱，所以先让每个人写出自己一个月大大小小的花销有哪些，如买衣服、请客吃饭、房贷、交通、手机、网络等，越具体越好。有的人可能越写越不敢写了，越写越发现自己的钱不够花。不过害怕也得写，因为不写并不代表钱没有花出去。最后计算总的花销，算出一个月到底要花多少钱。

第三步，计算销售额。第二步算出的开销，就是结果。对员工来说，要花的钱，要通过销售去得来。这时就要通过开销逆推到底销售多少才够花，销售多少才可以有余额去存款。

倒推销售额很简单，开销就是我们的薪水，薪水一部分是底薪，另一部分是提成。首先把底薪拿出来，用整体花销减去底薪，剩下的就是通过销售提成拿到的。提成部分除以提点，得出来的就是销售任务。当把这些销售额实现了，提成也就拿到了，再加上底薪，这就是你一个月该赚的钱。每个人逆推的销售额加起来，店铺的任务会超额数倍，这时候大家会觉得其实店铺给的任务根本不高，也就更容易达成目标了。

第四步，让每个人谈谈感受是什么。当说出感受之后，大家会觉得其实任务没有多重，反而充满干劲。

第五步，填写幸福导航图。给每个人一张标准表格，让大家填写，然后把它张贴出来，开启充实的一天。

幸福导航图的工作原理是转移员工的注意力：把员工注意力转移到事情的结果上。当他看到预想的结果，再回头看，发现自己现在的所作所为根本达不到结果时，就会矫正自己，让自己回到正轨。当员工回到了正轨，门店也就回到了正轨。

教练式问话、重新定义、幸福导航图都是改变员工心智模式，引导员工由向外找理由转为向内找不足的有效工具，用好这三种工具，是将员工的抱怨化为动力的关键。

第三节 可复制的销售技巧——“三招半”

化解了员工的抱怨之后，要想提高销量，员工还需要学习一种可复制的销售技巧——“三招半”。

“三招半”的出现主要是基于两个原因。一个原因是传统的销售七部曲、八部曲等销售技巧在落地过程中，出现了即使一整天也无法演练一遍的现象，因为这种技巧的演练至少需要半个多小时，所以员工在演练的过程中常常被光顾的顾客打断，打击了员工演练的积极性；另一个原因是顾客根本不会按照套路出牌，演练技巧失灵，让员工产生“练了也白练”的感觉。

具体来说，“三招半”是提高销售的“三句话”，分别是顾客进店中说什么、顾客试穿中说什么、顾客成交中说什么，以及同时配以什么动作。“三招半”是销售过程中以连带提升为主题，有方向性、主题化的三个小技巧。从而使连带率得到显著提升，如表 3-1 所示。

表 3-1 连带提升操作流程

连带时机	进店中	试穿中	成交中
连带销售技巧	提高试穿机会	多套试穿	给他（她）人购买
搭配技巧	拿准一手货	2 人配合	给他（她）人搭配

表 3-1 中的连带销售技巧指导购的话术，搭配技巧指导购的肢体，顾客进店中、试穿中、成交中，导购匹配的相应话术和肢体都是围绕连带这一主题进行的。在这个过程中，试穿前、试穿中、成交时导购应该如何做，下面将给予详细解释。

进店中

顾客进店中导购的行动，如表 3-2 所示。

表 3-2　顾客进店中导购行动表

时机	进店中
话术	1. 要不要无所谓，买不买没关系 2. 您的身材（气质）真好，新来几件设计师款，帮您试穿一下，看一看版型如何 3. 您的气质真好，特别像 ×× 明星，现在有明星款，您一定要试穿一下 4. 这是设计师特意吩咐的，只给有个性的人试穿，所以您一定要试穿一下 5. 有同伴，搞定同伴 6. 有孩子，帮助顾客看孩子
肢体	1. 顾客触摸的衣服都要拿下来，并搭在胳膊上 2. 在顾客身上比量一下 3. 导购在自己身上比量一下 4. 直接递给顾客，引领到试衣间

首先根据时机，在顾客进店中匹配相应的话术和肢体动作。例如，当一位顾客来到店里后，看到模特身上的陈列非常漂亮，就会第一时间询问衣服的价钱，很多顾客知道衣服的价钱后，都是扭头就走了，因为导购的第一句话就说错了。在顾客没有试穿前，导购要让顾客忽略衣服的价格，试穿才是最重要的。导购可以这样说："您买不买没关系，可以先试穿一下，看看适不适合您。"把顾客引导到试穿环节，这就是话术。

当顾客进店后，有时会拿起一件衣服来，看看之后又挂回去，再继续浏览其他的衣服，这时导购可以说："您拿的这件是我们家今年的新款，既然您喜欢，可以先去试一下，买不买没有关系的。"这时候匹配相应的肢体动作，就是把这件衣服拿下来挂到自己的手臂上，给顾客做一个试穿准备。这句“买不买没关系”降低了顾客的购买心理压力，很多顾客便会决定去试一试。很多人不去试，其中有一个原因就是如果试了不买怕被瞧不起，而正确的话术恰恰降低了顾客的这种购买压力，只要顾客试穿，购买的可能性会变大很多。

接下来顾客再看上哪件衣服导购都要帮忙收起来，这样顾客进试衣间就有多件衣服多套搭配，相信总有一套是适合他的，这就是话术与肢体动作相匹配的销售技巧。导购还可以去赞美顾客：“您的身材真好，气质真好，我们家来了几个设计师款，您能不能帮我们试穿一下，看看这些款上身效果如何？”当顾客答应了去试穿，在试穿的时候会发现有些衣服看着不好看，上身效果却非常好，而有些衣服可能看着非常好看，上身效果却不理想，顾客通过体验会明白试穿是非常必要的一个环节。所以在顾客进店中导购这样与顾客交流，能增加试穿率，试穿率高了，购买的机会也会变大。

还有一种方法，在心理学上叫预先框式法。“您的气质真好，某某明星跟您特别像，我们今年上的这一款，设计师特别交代，只能给有个性的人试穿，所以这件款式您一定要试穿一下”。首先用预先框式法，把顾客与某某明星联系起来，这会让顾客非常开心。其次说这一款衣服是设计师给一些特别的人群设计的，一般人不给试穿，顾客会感觉自己与这件衣服有缘分，试穿概率就会非常高，也会增加连带的机会。

巧用陪伴者。导购还可以对顾客的同伴加以认同。在实际销售过程中会出现这样一个现象，顾客试穿后会向同伴寻求意见，当同伴说这件衣服不太适合时，顾客一般就不会买了。所以，在销售过程中，不仅要着重接待购买者，还要重视顾客的同伴。通过与陪伴者交流，可以快速探知陪伴者对购买者的影响力，在销售中导购经常忽视陪伴者从而失掉大单的案例比比皆是。

【小贴士】

如何测量陪伴者对购买者到底起什么作用呢？导购可以对陪伴者说："您好，你们一起逛街，看起来感情特别好，你们是同事还是一家人？"无论对方回答什么，都没关系，接下来可以这样说："你们经常在一起，对双方的穿衣风格肯定非常了解，我看您穿衣也非常有品位，您可以帮她挑选一套适合她的衣服"。当说完这一段话后，通常只有两个答案。第一个是"算了，让她自己挑选吧"，这说明陪伴者对于购买者没有太大的影响；另一个答案是对方开始选衣服，具有较强的主导能力。所以在顾客进店的时候，可以通过这样的话术对陪伴者进行测试，了解陪伴者对购买者的影响力。

试穿中

顾客试穿中导购的行动，如表 3-3 所示。

表 3-3　顾客试穿中导购行动表

时机	试穿中
话术	1. 给您拿一条裤子，看看上衣合适不合适 2. 现在有回馈活动，试穿三套以上赠送精美纪念品 3. 直接给配件 4. 让陌生顾客（或同伴）给予认同 5. 寻找场景中需要用的其他衣服 6. 给顾客拍照片
肢体	1. 给顾客拿多件衣服及配件在门口等候 2. 直接把可以搭配的衣服搭在门上 3. 直接递给顾客可搭的货品

当顾客从试衣间出来在镜子前仔细看的时候，导购可以说："我再给您拿一个配饰，或一件其他的外套披上，看看衣服效果如何。"如果她穿了外套，可以继续说："我拿一条裤子搭配下，看看衣服合适不合适。"这样说话可以减轻顾客的购买压力，让顾客直接感受到买不买没关系，只是试试看是否合适，没有要求必须买，所以顾客很容易就接受了多件试穿。

同时再匹配相应的肢体动作，拿多件首饰或者几个包包，当顾客从试衣间出来后，导购可以顺手递给顾客进行搭配，如果顾客不接，可以再使用一些话术："我拿了两个包，您看看您家里有哪些包跟这些包比较像，拿着比量一下看看跟衣服搭配是不是合适？"不让顾客买包，只是进行参照。当顾客接过来，在试衣镜面前左看看右看看，如果顾客对这个包产生了兴趣，会主动询问价格；如果顾客不感兴趣，就会归还包，导购可以再拿出两个包给顾客试背。

另外，当顾客出来的时候，导购也可以拿一个配饰向顾客说："您看这个配饰搭在衣服上会不会更漂亮些呢？"顾客一般不会拒绝。就这样，顾客在不知不觉中试穿了多件。

在试衣中，导购还可以在征得顾客同意后给其拍照片。让顾客通过照片看看衣服的整体效果如何，同时还可以用照片比对每套衣服的效果。导购一边拍照，一边匹配肢体语言，让顾客进行多件试穿，自己对比哪一套更合适。这个方法有很多品牌在用，效果非常好。

在试衣中，导购也可以设计一些小活动，增加顾客多件试穿的概率，如试衣有礼。当顾客试衣三套以上，会得到一个精美的小纪念品，有些顾客贪便宜，很想要纪念品，就会选择多件试穿。

成交中

顾客成交中导购的行动，如表 3-4 所示。

表 3-4　顾客成交中导购行动表

时机	成交中
话术	1. 改变身份 2. 这件衣服一般，要不就别拿了 3. 同伴帮忙选择的衣服，建议拿着 4. 推荐预存钱
肢体	1. 顾客试穿过的衣服都拿到收银台 2. 顾客不满意的衣服也要拿到收银台

身份改变，思维模式也在改变。比如一个人有不同的身份，孩子、父母、哥哥姐姐、弟弟妹妹、姑姑、嫂子等身份。不同的身份会想到不同的人，所以需要通过话术“改变身份”。很多店里的衣服有的适合青年穿，有的也适合中老年人穿。顾客在买男装时，不仅可以给自己购买，还可以给父亲或岳父购买，或者给孩子购买，这样的概率是存在的。所以导购要学会对身份进行改变，在成交的时候顺便说一声：“要不要给老人也带一件？要不要给家里的孩子带一件？”顾客要不要无所谓，重要的是导购有没有说出这句话。只要说了，顾客就会感觉给自己买了这么多衣服，给老人或小孩顺便带一件也是情理之中的事情，这时连带的概率就会增加。

另外，在成交时导购要注意匹配相应的肢体动作，当顾客试了很多套以后，无论是喜欢的还是不喜欢的，导购都要拿去收银台，然后把所有衣服做一个对比，对顾客说：“这套衣服感觉不适合您，我就把它收起来了。”这给顾客的直接潜意识是试了这么多衣服，最后只买了几件，顾客在心里很容易接受。如果你只把她喜欢的衣服拿到收银台，顾客会觉得我今天会不会买多了，家里还有那么多没穿。

以上就是在顾客进店中、试穿中、成交中关键的连带技巧，将其练到极致，达成成交就非常容易了。需要注意的是，从头到尾练这套服务流程至少需要半个小时，来了顾客还会被打断，一天一套根本练不完，这就需要找出关键点，只练习关键点。例如，在话术中，语气、语调是一个关键点。同样一句话，有的人说出来就很舒服，有的人说出来就让顾客心里非常不舒服。所以，要不断地练习，把握说话的度，让顾客感到舒服。如何评判练习的到位程度，这时候就需要对“三招半”的过程进行评估，也就是下一节要讲的内容。

第四节　销售高手的孵化路径

门店要想培训出销售高手，只有“三招半”销售技巧是不够的，还要对员工做的训练进行评估。因为很多时候我们做了一些训练，但是却没有评估，也就不知道做到什么程度是好的，做到什么程度是不合格的，没有标准便没有意义，到最后就是不了了之。还有一种情况就是员工认为训练没有用，因为没有人要求他们使用，在销售中员工还是使用原来的方法。这时就可以发现，训练评估对于员工能否掌握一种方法而言是何其重要。

评估，销售高手的快速达成秘籍

在实际的工作中，如果没有评估就不知道做得好与坏，不知道努力是否可以达到想要的结果，也不清楚阶段性的成果，所以可能在做的过程中就感觉没有意义。如果有了评估便可以进行随时检测，检测有没有走偏、走错，是不是朝着目标直线、坚定地前行，如此员工才能将工作落地。

评估最大的受益者一定是我们自己。评估的收益，如图 3-2 所示。

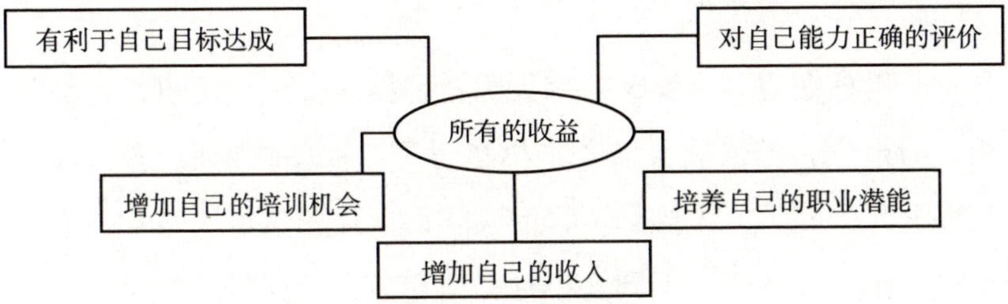

图 3-2 评估的收益

很多人害怕别人对自己评估，内心里不愿意让别人衡量自己。根源是自己总是偷懒，知道自己不达标，但又怕别人说。其实评估最大的受益者是我们自己，当有了评估，才能知道自己哪些方面是欠缺的，才能有更多的学习机会。企业是注重人才成长的，只是不知道究竟哪里有问题，也不知道培训什么内容能帮到员工，如果员工不说，不让别人评估，成长便无从谈起。当评估做好了，我们对自己会有一个正确的评价，这能很好地促进个人成长。

评估也能发现个人的职业潜能，其实很多人都不知道自己擅长的是哪方面，这时候，评估就显得尤为重要。例如，很多人感觉自己不爱说话，不适合做销售，但是通过对自己的评估，慢慢发现自己还是很有销售天赋的，不断评估不断修正，越做越有成就感。所以，对自己的评估也能激发自己的职业潜能。另外，对自己的评估也可以增加收入，因为当我们不断评估不断修正时，能力会越来越强，领导也会逐渐重视我们，薪资就会越来越高。所以要想成为销售高手，评估是必走之路。

销售高手是如何评估的

（1）过程评估。

在培养人时，管理者习惯性用结果来衡量一个人的销售能力，而忽视了过程，这是一个误区。正确的过程才会产生正确的结果，能否培养出合格的销售高手，过程评估就非常的重要。很多人不理解过程评估，认为很烧脑，其实过程评估非常容易理解，下面这个故事或许可以帮助你很好地理解。

有一个男孩在追一个女孩，每天男孩都接送女孩上下班，还经常请女孩吃饭、看电影，但最后女孩子把男孩甩了。很多认识他们的人就会说，这个女孩眼光太高了，太挑剔了，而实际情况是男孩每次送女孩上班都迟到半小时，接女孩下班又迟到 2 小时；请女孩吃饭都是男孩爱吃的而不是女孩爱吃的；请女孩看电影都是男孩爱看的而不是女孩喜欢看的。

这个男孩虽然做了一些事情，但是每一件事情按满分十分的话也就达到了二三分，所以最后女孩把男孩甩了。如果男孩前两件事情做的都是十分，最后一项是二三分的话，也许女孩还会和男孩继续相处下去。

通过这个故事我们可以看出，决定结果的不单单是过程，而是对过程中的每一个节点的评估，这是事情是否可以达到满意结果的关键，在日常管理工作中，管理者往往最容易忽视的就是这个关键节点的量化评估。

（2）操作流程评估。

主题化训练流程、连带操作流程、成交率操作流程和 VIP 贡献率操作流程等，都需要有相对应的评估，评估主要是评估训练过程有没有达标，训练多少为好，做到什么程度才是合格，这就是对过程内容进行评估。当把这个过程抓好了、抓对了，就容易达到我们想要的效果。所以操作流程的评估非常重要。

（3）服务流程评估。

当顾客进店后，我们对顾客做什么样的服务，过程中要做哪些关键服务才是正确的，服务的舒服程度如何，服务的过程顾客给我们打多少分，对这些过程也要做一个评估，有了这个过程评估，我们才能达到想要的目标。

【实战案例】

平均单价提升训练评估，如表 3-5 所示。

表 3-5 平均单价提升训练评估

姓名		日期		时间	
训练次数	1□ 2□ 3□ 4□ 5□ 6□	对练者		观察员	
训练内容	评估标准	实际分数			
试穿前	1. 站姿是否正确 2. 是否有邀请手势（指引高价区域） 3. 是否让顾客面朝高价区	正确□ 有□ 是□		不正确□ 没有□ 不是□	
试穿中	1. 顾客试衣时是否与顾客做高低价差别对比 2. 高价位销售话术让顾客是否舒服 3. 介绍产品时，是否与顾客身份场合相匹配 4. 推销产品的价位带	有□ 舒服□ 是□ 100~500 元□ 1000 元以上□		没有□ 不舒服□ 不是□ 500~1000 元□	
试穿后	1. 是否又创造需求	是□		不是□	
分享	1. 训练完后观察员是否进行认真反馈	是□		不是□	
成交	1. 单价成交	蓝队□		红队□	

首先在表 3-5 中可以看到姓名、日期、时间、训练的次数，训练几次相对应地在几上打勾，再找出对练者是谁，观察员是谁，一个模拟顾客，一个当导购，一个当观察员，观察员就看在训练过程中对话舒服不舒服，操作中关键的点有没有到位。

接下来是评估的内容。时机：试穿前、试穿中、试穿后。

试穿前我们做些什么能提高平均单价。一是站位是否正确，当我们想提高平均单价时，应如何拦截顾客，让顾客往高价区走，所以应该确定出一个站位来。二是是否有邀请的手势指向高价区。因为往往在邀请顾客的过程中，如果我们有手势的邀请，顾客会情不自禁地跟着我们去走，这是心理潜意识的一种引导。三是是否让顾客面朝高价区，这时候我们的站位，我们的邀请手势，要让顾客看到高价位区域，让顾客自然而然地走过去。

试穿中我们要管控如下四点：一是是否给顾客做了高低价位的比较。有了这种对比，有的顾客可能倾向于高价位的，也有顾客倾向于低价位的，只要有了比较，就有机会让顾客买高价位的产品。二是高价位产品的销售话术是否让顾客舒服，是否容易被顾客接受。三是介绍产品时是否与顾客的身份及顾客想要的场合相匹配。四是推销产品的价格是否高于平均单价。

试穿后，我们是否给予顾客有创造性的需求。给顾客试穿高价位的衣服、不同场合的衣服，尽可能让他多买几套。

然后要进行分享。训练完之后观察员要对整个过程认真反馈，向大家做分享。因为观察员处于第三方，对于训练过程中的语气语调、肢体动作的合理程度看法是非常客观的。

最后还有一个是成交，看成交的单价是否高于我们计算出来的指标值。

对评估的这些内容，我们可以制定一些打分标准，因为直接以语言的形式给出结果是很不直观的，而以数据打分的形式给出评价让人一目了然，有量化才会更加可控，评估也就更加容易。

评估的衡量是数字加计量单位。这里采用一个简单的衡量标准，叫作0~10分衡量。员工的工作质量不容易衡量，就可以以0~10分为标准，10分是最好的，0分是最不好的，在0~10分中打一个分数，就是对工作好坏程度的评判，这是把不可衡量的内容用数字去表达。同时，也可以用数字加计量单位来评估每个员工的工作内容，一周训练做多少次，一天做多少次。在落地过程中，假设要求员工扮演两次导购，扮演两次顾客，扮演两次观察员，这就是对他的数字加计量单位评估，每项做到两次，一天的工作才算是达标。用数字加计量单位的方式对一天的工作内容进行衡量，这样才能一目了然地知道自己有没有达标。

对于任何训练，都要做相对应的评估标准。有了相对应的评估，才能知道做得到底好不好。在这个过程中，把关键的节点都找出来做成一个评估的项，大家在做的过程中把握好这些原则。如此，才能把复杂的东西简单化，简单的东西可衡量化，可衡量的内容可控化，可控的内容效果才有保证，销售高手才能一个又一个接连诞生。

你还在为顾客提供粗暴式的服务吗?
你还在为顾客不忠诚而郁郁寡欢吗?
你还在为顾客的流失而不知所措吗?
如果是，那你该换个“脑袋”了。

第四章
换个“脑袋”搞服务，让顾客成为你的“推销员”

第一节　你的顾客缘何成为别人的 VIP

【小场景】

A 店铺和 B 店铺都是专门卖女鞋的店铺，董女士对这两家店铺的鞋子都挺满意，逛街时总是要去这两家店里逛上一逛。近期因为一件事，让董女士开始选择只去 B 店铺购物。

那是周末的一天，A 店铺的导购给董女士打电话，说是店铺里正在进行打折活动，有很多精美的鞋子可以以五折的优惠购买到，得到消息后董女士便赶往A店铺。但是，赶到A店铺后董女士发现鞋子活动确实很优惠，可根本没有适合董女士的鞋码，参与促销活动的都是中码和大码鞋子，而董女士要穿小码鞋子。白跑这一趟让董女士很生气，既然没有适合自己的鞋子为什么还要给自己打电话呢？难道在打电话前都不看用户的基本信息吗？

相比 A 店铺，在 B 店铺董女士就从来没有这种体会，每次 B 店铺打来购买邀约电话，店铺里都有适合董女士的鞋子，而且价格还很优惠，每次董女士都至少能买上一双称心的鞋子。再加上每次去 B 店铺董女士都感觉像回家一样，B 店铺的导购总是给董女士一种真诚和亲切的感觉。于是董女士便再也不去 A 店铺了，只去从不让她白跑的 B 店铺。

【追根溯源】

成功的店铺和失败的店铺是有差别的。失败的店铺只知道尽一切努力去拉客源、售产品，眼睛只盯在利润指标上，却不去思考该如何给顾客提供优质服务，如何用服务换取顾客更多的价值；而成功的店铺不仅关注利润，还注重顾客的需求，向顾客提供优质服务。正因如此，A 店铺还没有了解用户的需求便急急忙忙地去提供撒网式服务，从而失去了董女士这个顾客，而 B 店铺由于精准优质的服务使董女士成为店铺的忠诚顾客。

在实际中，留不住顾客是很多门店都面临的问题，而造成这一问题的原因主要有如下几点。

（1）对服务的理解不到位。

现在很多店铺给顾客做的服务无非就是让顾客多买一件货物，目的非常明显，顾客也能感觉到。有的时候顾客购买是因为不好意思不买，勉强买了之后就不会再想光顾。这种以销售为目的的服务，顾客并不领情。

另外，很多门店把微笑这类简单而基本的礼仪定义为服务，当标准降低时，提供的服务怎么可能在同行中脱颖而出并得到消费者的认可呢？

（2）对消费者没有深入地研究与分析，提供的是同质化服务。

没有静下心来去研究目标顾客，不清楚目标顾客的认可价值是什么，甚至凭感觉订货，不考虑顾客的需求。不对顾客进行分析，总是主观臆想顾客的需求，这必然无法获得顾客的认可，顾客不买账，销售业绩自然无法提升。

每个品牌的服务都一样，没有差异化。顾客来到一家店，听到的第一句话是欢迎光临，第二句话是想买点什么，到了第二家、第三家、第四家都差不多是这几句话，这种相似的话语、相似的服务让顾客进入了催眠状态。所以顾客逛得越多，导购再说“欢迎光临”的时候，顾客就会根本不愿意搭理导购。

（3）顾客管理混乱。

对 VIP 以及普通顾客的管理都不系统。有一个女装品牌公司，要求导购给每个顾客拍照片然后上传到系统里。很多导购在顾客试穿时拍了很多照片，但就是不往上传，因为嫌麻烦。其实这反映出管理系统的不完善，针对这个系统没有统一的标准化流程，员工不知道做到什么程度是好的，如果没有做也不会受到什么惩罚，这件事情就不了了之了。在人的潜意识里，如果做跟不做都是一样的结果，很多人就会选择不做。

【NLP 教练技术】

了解顾客的心理，才能得到顾客的青睐。在 20 世纪 90 年代，顾客要求的是质量，温州鞋主打质量，鞋子质量过关，受到了顾客的青睐。质量需求得到满足后顾客开始追求款式，后来温州鞋在款式设计上非常漂亮，笼络了顾客的心，占据了市场的份额。现在质量不是问题，款式也不是问题，顾客有钱了，追求的是更深层次的服务。如果无法把握顾客心理，就难以满足顾客需求，更何谈培养稳定忠诚的顾客呢？NLP 教练技术从心理层面分析问题，在服务方面给零售指出了一条明路，让顾客不再成为别人的 VIP。

（1）以服务塑造核心竞争力。

当服务做到最好的时候，顾客会产生忠诚度，这是产生核心竞争力的一个方面。成功的互联网型公司或一些淘品牌做得很好的一点就是把服务做到了极致（详见本章第二节三只松鼠的案例），实体零售也可以把服务营销力提升到企业的战略层面去思考。

（2）分析顾客心理，培养顾客忠诚度。

顾客从我们企业里能得到超值的产品或服务，对我们品牌更加认可，而且不愿意买其他品牌的货品，这时候就达到了顾客忠诚的目的。当然，这个忠诚都是相对忠诚，没有绝对的忠诚。那我们如何让顾客忠诚呢？本章第三节将围绕这一主题展开。

（3）建立顾客管理流程。

对门店来说，其大部分的顾客都是只光顾了一次，为此难道我们对这大部分顾客就要选择放弃吗？这个时候建立一次顾客激活流程就显得格外重要。另外，有时候在店里会发生一些突发事件，如因产品或其他方面导致顾客不满意，这时候要如何挽回呢？如果没有一套现有的流程，靠导购和店长临时的灵活处理是不可靠的。关于顾客维护的具体内容，本章第四节将展开详细论述。

第二节　脱离服务等于自杀

追求利润，满足顾客价值，同时注重这两点门店才能得到逐渐的提升，保持良好的业绩。但是现实中，很多品牌只关注自己可以赚的钱，一味地追求公司的利润，对消费者毫不关心，这其实是对消费者的一种伤害。

门店从顾客那里可以获得的不只是物质上面的盈利，更重要的是顾客的智慧。要知道，顾客的一个建议胜过工作人员绞尽脑汁想出的多个方案。要想获得顾客的智慧，必须用服务赢得顾客的“芳心”，不然最后连物质上的盈利也会渐渐无法取得。所以，对门店来说，脱离服务等于自杀。

什么样的服务可以让顾客产生好感，产生忠诚度，对品牌产生更大的贡献力，这是门店应该思考的。门店服务应该从哪一方面展开，或许德鲁克在顾客方面的四个问题可以给门店管理者一些启发。

德鲁克四问道破企业核心

伟大的管理学大师德鲁克于 1956 年说了这样一段话：“卓越的企业必须回答四个问题：第一个问题是谁是企业的顾客，第二个问题是什么是顾客的认可价值，第三个问题是企业的经营战略是否匹配顾客的价值，第四个问题是从顾客那里还能获得的价值是什么。”这四句话把企业的方向、核心一语道破。

第一，谁是企业的顾客，即先找到企业的目标顾客。

第二，什么是顾客的认可价值，即目标顾客真正的需求是什么。

第三，企业的经营战略是否匹配顾客的价值，这是很重要的一点。目前很多企业提供的价值同顾客想要的价值根本不相匹配，虽然嘴上都在说买方市场，顾客有挑选的权利，但在实际运营过程中还是卖方市场，企业想生产什么就生产什么，如果顾客不买，便抱怨顾客越来越挑剔。其实业绩不佳的根源是没有思考做的这些事情，所提供的价值跟顾客想要的价值是否相匹配。

第四，从顾客那里还能得到什么价值，这个是最关键的。从顾客那里除了可以得到钱之外，我们还能得到什么？顾客的智慧比钱更重要，顾客能代表一批人，如果把顾客变成资源体，像员工一样管理，给我们献计献策，那企业得到的价值就不一样了。

这是德鲁克在 20 世纪 50 年代提出的理论，到现在都非常适用。很多成功的企业都对这四个问题给予了很好的解答，而失败的企业只解答了某一个问题，甚至有的连一个问题都没有完全解答。

优质服务为三只松鼠带来傲人成绩

实体零售的很多企业没有意识到服务的重要性，认为业绩之所以下滑，是由于互联网企业抢夺了线下的销售，真是如此吗？“他山之石，可以攻玉”，三只松鼠或许可以证明事实并非如此。

2012 年“双十一”一天卖了 766 万元，2013 年“双十一”一天卖了 3256 万元，2014 年“双十一”一天卖了 1.09 亿元，2015 年“双十一”一天卖了 2.66 亿元，2016 年“双十一”一天卖了 5.08 亿元，2017 年“双十一”一天卖了 5.22 亿元。三只松鼠“双十一”一天卖的这 5 亿多，可能是很多中小企业零售品牌一年的销售业绩。为什么三只松鼠能有这样的业绩?

从目标顾客上来看，三只松鼠的目标顾客是办公室一族和“宅人”。在办公室里可以吃零食的这一类人一定是挣钱多又悠闲的人，而宅在家里吃零食的人一般都比较有钱，因为没钱的人大部分都乖乖地出去奋斗了。这些有钱人，对吃的、喝的、用的都会有一定的标准，要求会高一些。针对这一类有消费能力的人群，三只松鼠的定价并不便宜。那这些人的痛点是什么?买的太累不舒服，坏的太多不舒服，还有包装太蹩脚不舒服，壳太硬不舒服，吃完手太脏不舒服，壳没地方扔也不舒服，等等，都是这一类人的痛点。

针对目标顾客的这些痛点，首先，三只松鼠在包装箱上面贴了一个不干胶标贴纸，上面写了一段话:“亲爱的快递哥哥姐姐，我要去见我的新主人了，你要轻拿轻放。”快递人员看到三只松鼠这样的包装，会感受到对他们的尊重，相信他们轻拿轻放的概率会大很多，这就减少了包装破损率。包装破损率减少了，公司受益，消费者也满意。三只松鼠用这个小小的不干胶标贴纸减少了包装破损率，提高了顾客的满意度。

其次，当消费者收到包装箱，表面上会有用来封箱的透明胶带。当手头没有应手的工具时，会感觉很不方便。三只松鼠为了减少这种不便，在箱子上附带了一个小小的塑料开箱器，轻轻一划箱子就开了，非常方便，而且成本很低。一个小小的开箱器，让顾客感觉非常贴心，解决了开箱子的一些麻烦。

再次，三只松鼠会在箱子里放上一个开口器，帮助顾客剥开类似夏威夷果之类的坚果。三只松鼠还给顾客配备了塑料的封口夹，可以让顾客把没吃完的坚果包起来，用封口夹把包装口封好。同时，三只松鼠的包装袋都是防潮设计的，质量非常好，放的时间再长，食物也不会发潮。这些都是非常贴心的设计。

最后，三只松鼠还给顾客配备好垃圾袋，叫鼠小袋。鼠小袋非常结实，打开之后就可以把吃的果壳放在里边。吃完之后手又非常脏，去洗手感觉很麻烦，为此三只松鼠还准备好了湿巾。有时候三只松鼠还会配备一些小礼物，如钥匙链、小的卡袋、杯垫等，同时还有一封以亲爱的小主人称呼消费者的信。

如果你是三只松鼠的消费者，第一感觉是什么？它对顾客整个吃的过程考虑得无微不至，所有麻烦都帮你解决，它卖的不只是坚果，还是让顾客吃得舒服、吃得开心的服务，这就是三只松鼠成功的奥秘。三只松鼠以消费者整个体验为核心，把每个细节做得都很到位，让消费者极其舒服。如果消费者进入一家店，其提供的服务都会让消费者感到惊喜，当有了惊喜，那么消费者就会留下深刻的印象。同时三只松鼠还和消费者进行大量互动，让它的目标消费者参与到互动里献计献策。所以，三只松鼠不是平白无故做大的，作为坚果淘品牌里的老大，三只松鼠一定有其过人之处。

与三只松鼠相对比，实体零售企业的服务大多都是粗暴式的服务。其服务其实就是“顾客要货便马上给顾客拿”“顾客试穿衣服便给顾客整理衣服”而已，并没有做成精细化服务，没有做到真正的走心服务，因此难以给顾客留下深刻印象。如果顾客觉得服务非常好，对这个品牌无论是好感还是忠诚度都会增加，品牌也就能够持续盈利了。得消费者得天下，得粉丝者得天下。如果实体零售只是站在自己的角度去提供服务，不去考虑顾客的需求，不能为消费者提供精准优质服务，那等待它的便只有关店。

门店留住顾客的关键点是服务，通过服务在顾客心里留下良好印象，使顾客成为门店的忠诚顾客是服务的重点。忠诚顾客带来的收益要远远大于非忠诚顾客产生的价值，因此顾客忠诚是门店长青发展的重要一环。关于如何使顾客忠诚，如何提高顾客的忠诚度，下一节将展开详细论述。

第三节 NLP 是提升顾客忠诚度的解题之道

众所周知，老顾客推荐来的新顾客购买率更高，而且老顾客更愿意接受溢价的部分，老顾客在心里接受了品牌，即使产品没有折扣，也愿意支付高价购买产品。因此，建立顾客的忠诚度，对企业来说好处多多，那如何才能得到顾客的忠诚呢？NLP 教练技术教你从心理上对顾客进行把握，解决顾客忠诚问题。

别致体验，塑造忠诚

一个店铺，必须思考消费者在想什么，必须思考如何嵌入消费者的大脑。对此就要先了解顾客的信息。现在的消费者已经发生了很大的转变，完全不同于以前的消费者，因为人在有钱时和没钱时的想法是不一样的，没钱时想的是基础性的生理需求，当有钱后满足了基本需求后会有更高的需求。为此，店铺就要根据顾客的改变，给予顾客全新的体验。

（1）感官上的体验。

感官上的体验，即消费者到店铺的第一感觉舒不舒服，能不能满足顾客的品位需求。如果顾客累了，店铺里有没有舒服的地方可以供其休息。

众所周知，相比百货商场，越来越多的消费者更愿意去购物中心，因为购物中心可以提供很棒的感官体验，那里空间十分开阔，一眼就可以看到每一层是做什么的，而在百货商场则需要一层一层走上去才知道具体是什么。

在感官上给顾客以冲击，能够让顾客深深地记住你的店铺。在上海南京路步行街有一个 MM 巧克力豆的专卖店。走进专卖店，一眼望去，巧克力豆五彩斑斓，非常漂亮，这个颜色感官的体验就让顾客感觉很舒服，冲击力非常大，跟其他的品牌完全不一样。店里还摆了各种各样装有巧克力的玩具或器具，有不同的方式供顾客开心娱乐，比如有各种各样造型的游戏机，通过游戏的形式让顾客吃到巧克力豆。在二楼的展厅里还有一个彩虹色的巧克力长城，布置得很长，很壮观。这些细致的感官体验就让顾客感觉在店里非常享受。

（2）情感上的体验。

真正地了解顾客的心是没有技巧的，最高的技巧是没技巧，是用心去感知顾客的情感，当感知对了，与顾客同频了，就能和顾客瞬间成为好朋友。导购要清楚其工作不是卖出去一件货品，而是得到顾客的心，找到顾客的情感需求。导购不应以卖出一件衣服为荣，而应以得到顾客的心为荣。下面这个例子，或许可以说明这一点。

有一天某店铺里来了一个个子矮小的男人，看着像是因为手术而导致的残疾，当时店里的导购们正聚在一起聊天，因为店铺里的货品价格并不是很便宜，觉得这个人不像能买得起的样子就没有搭腔，店长看到这个情况就亲自去接待了。店长先给这个人递了杯水，然后开始进行沟通，像对待其他顾客一样，该怎么服务就怎么服务，丝毫没有差别对待，即使这个人最后没有购买，店长依旧微笑着送走了他。

过了三五天后，这个人又来到这家店铺里。原来是要给其他人选衣服，说了基本要求后，店长帮忙选了件衬衣，这个人就痛快地买走了，临走前说了一句话："这几天我逛了好几家店，只有你们家这么热情地对待我，没有歧视我，让我感觉心里比较舒服。我是做生意的，你们这个牌子我以前也不熟悉，但是我对你们的印象很好。”从这之后，这个人只要买男装就来这个店，来这个店就找这个店长。因为这个店长更多地关注了顾客的内心情感需求，得到了顾客的认可，就为店铺赢得了一位忠诚的顾客。当导购领悟了顾客的情感需求，就得到了顾客的心；满足了顾客最在意的东西，顾客就会流向你。

（3）思考上的体验。

顾客不仅仅有感官上和情感上的需求，在思考上也有需求。当店铺给予顾客思考的机会，顾客会表现出极大的积极性，并对店铺更加忠诚。

曾经有一个品牌装修，在装修时员工并没有休假，而是对 VIP 群里做实时的装修直播，告诉他们店铺第一天装修了什么，第二天装修了什么，第三天装修了什么。装修试衣间时在直播中询问顾客建议，是装门好，还是不装门好？很多顾客就建议别装门了，装门里面太憋闷，建议在外面挂上帘就可以了。装修差不多了的时候，想买一些绿植放在门口，就询问顾客应该摆放什么绿植，这时候很多人说不要摆放绿植，让空间比较拥堵，不摆东西更简单，出来进去也方便。等开始选货了，就在微信群里发了一些照片询问顾客意见，然后有的顾客说这款好，有的说那款好，给了很多意见。

这个店铺在装修期间充分让顾客参与进来，让顾客思考。在重新开业当天，一共 100 多位高级 VIP 顾客，来了 90 多个，当天的营业额达 20 多万元。而且很多顾客来了之后就说：“你看听我的就对了，这个地方挂个帘多简单。”有的顾客说：“你看没让你买绿植就对了，这多舒服啊，简单又时尚。”还有的顾客说：“你看我帮你选的款他们都买，听我的就对了吧。”

这就是跟顾客的一种互动，因为顾客在参与的过程中动脑去思考，在思考的过程中就会有一种体验感。当顾客体验了，参与了，就有了顾客的价值，对品牌也就更加忠诚。顾客的感官系统是顾客内心潜意识里面固有的，那我们在差异化服务上该做些什么呢，接下来阐述一些具体的策略。

以服务提升顾客忠诚度

在终端，为了让顾客建立忠诚度，一线人员可以给顾客提供差异化的服务。提供的差异化服务主要包括硬件服务和软件服务。

1. 硬件服务

（1）向顾客提供贴心服务。

让顾客产生好感，与对别人的感觉产生很大的差异化，这叫“信牢设定”的状态。“信牢设定”状态是 NLP 里的专业词语，就是打破顾客原有的状态，超出顾客的期望，进入顾客潜意识。也就是说，超出顾客的思维模式，让他记住这个行为，记住这个差异化的内容。

例如，有一个品牌在服务中提供两种水，一种是免费白水，另一种是需要投币一元的咖啡。顾客进店之后，导购会问他想喝水还是喝咖啡，顾客看到水免费，咖啡一元，很多人本能的反应是免费的水不愿意喝，而咖啡花钱谁喝啊，这是人的心理。这时候导购还没等顾客做出任何回应，就快速地从兜里拿出一个硬币，投到咖啡机里，接了一杯咖啡说：“先生，我请您喝咖啡。”顾客看到导购花一块钱为他接了一杯咖啡，就很不好意思，这是花钱的也不好不喝，他就会很有礼貌地把咖啡接过来。此时顾客会因为这个小小的举动对导购产生好感，这就是差异化的服务带来的效果。

（2）向顾客提供应急性服务。

例如，夏天常常突然下雨，很多顾客没有带雨具，这时候赛琪运动选择给顾客提供一批雨伞和雨披，登记顾客姓名、电话、家庭住址等信息，免费借给顾客，让顾客在方便的时候把雨披或者雨伞拿回店来。店铺可以借给普通顾客雨披，借给 VIP 顾客高档的雨伞。这样满大街都是印有店铺 logo 的雨具。如果顾客没有及时送回来，他会觉得已经答应人家却忘了送回去，每看到一次就产生一次内疚，等他下次再来的时候，为了弥补内心的愧疚，可能一次性消费金额会变大。这就是雪中送炭式的应急性服务。

此外，还可以给顾客提供免费的寄存。当顾客提的东西或者带的东西比较多，可以免费帮其划出区域来专门帮顾客看着。当顾客享受到这样的服务时，对店铺也会更加欣赏。

（3）向顾客提供个性化服务。

个性化的服务主要指提供一些一般的顾客平时在市场上见不到的东西。例如，采购不同国家的咖啡，给顾客说这是哪个国家的咖啡，每种咖啡的特点是什么。有些顾客比较好奇，品尝的概率就比较大，只要顾客喝了，就会对我们的服务产生好的印象。

另外，还可以提供个性化的水果。向不同级别的顾客提供不同的水果，普通顾客提供普通的水果，高级 VIP 提供贵的水果，顾客吃不吃没关系，重要的是要有差异化的服务，让顾客感觉舒服。同时可以做专门的 VIP 收费通道，在周末和节假日流量比较大时可以专门开一个 VIP 通道，金卡会员无须排队，让其感受到身份不一样。这种服务很简单，顾客也容易接受。

2. 软件服务

（1）在服务流程上让顾客满意。

为顾客送货上门，尤其是在刮风下雨的时候如期而至，顾客会更加感动。第一次为顾客送货上门的时候，无论拿多少件衣服、顾客穿着有多么适合，都要少留，要么留一件，要么一件都不留全拿回来，告诉顾客不太适合，下次有适合的新品再拿过来。这样顾客对你的信任感就会越高，下次让你来的概率也会越大。

（2）提供增值服务满足顾客需求。

增值性的服务有很多种。例如，可以做异业联盟服务，调查清楚目标顾客对其他产品的消费需求，把这些品类综合在一起，设计一整套联盟机制。又如，有一些品牌专门为婴儿提供有一个小座椅，顾客抱着孩子来逛街，没办法试穿，就可以把孩子放在婴儿座椅上，导购来哄孩子，让妈妈专心挑选衣服和鞋子。只要顾客有需求，只要你用心观察到，就帮他提供服务，这是非常重要的。

（3）与顾客进行互动。

可以让顾客提供各种各样的建议，再加以选择性地采纳。提建议的时候适当地给顾客画一个框框：“先生或者女士，您可以提一下我们能为您多做一些、并且能做到的建议。”这个非常关键，如果不说这句话，顾客提出来的建议很多时候没办法满足，这就成了笑话。让顾客提一些我们可以做到的，这样顾客提建议就有一个方向性。顾客提出一些可实现的建议，我们帮他实现了，那么顾客下次来就会感觉非常愉快。

门店与顾客之间有着千丝万缕的联系。顾客能让门店盈利，让门店走得更远，也可以让门店马上消失。门店一定要做好与顾客之间的关系管理，关系越密切，越能捆绑在一起，顾客的忠诚度越高，门店的基础就会越稳固。

第四节 “365”顾客维护流程

在终端经常出现以下现象：员工发怵给 VIP 打电话，邀约顾客，结果没有人过来；员工不知道该如何维护客资，对 VIP 的维护没有标准，每个人都按照自己的想法和经验来，结果造成大量 VIP 流失；顾客流失之后，没有相应的补救措施；等等。为解决这些问题，我提出了“365”顾客维护流程。所谓“365”是指在一年的每一天，员工要时刻保持与顾客沟通、对客户进行维护，以此促使顾客与员工之间由陌生人变为熟人、由熟人变为知己，从而提升顾客对品牌的忠诚度。具体来说，这一维护流程主要包括以服务“激活”顾客和妥善处理顾客流失两大方面。

以服务“激活”顾客

（1）要进行市场细分，对顾客进行筛选，找到目标人群。

筛选的一定是对企业贡献度非常大、同企业核心价值相匹配的顾客，有些顾客不是目标人群，该砍掉就砍掉。这样不仅可以降低维护成本，还能把目标人群维护得更加到位，使顾客更愿意为产品和服务买单。确定了门店的精准顾客后，按照一定的流程和话术对不同的顾客进行有针对性的邀约，这时候的成功概率会更大一些。

对顾客进行筛选时可以设置一些框框，使邀约更精准有效。例如，在时间上可以将顾客划分为购物在三个月之内、半年内、九个月、一年以上（僵尸粉），时间越短，顾客重新来到门店的概率越高。因此，要着重邀请在三个月之内或半年内有过购物的顾客。在金额上，一次购买金额越高的顾客对门店的贡献率越高，可以依据品牌的具体情况，将一次性购买金额划分为五千元以上、五千元以下，三千元以上、三千元以下，等等。然后针对具体的划分，对不同的顾客进行不同的话术训练，训练好了之后再去打电话，这时成功的概率会更高一些。

表 4-1 是 VIP 邀约工具表，通过这个表，导购可以将邀约活动进行分解学习，将邀约工作完成得更好。

表 4-1　VIP 邀约工具表

店铺名称		活动负责人	
非正式组织	总裁：　货品总监：	销售总监：	行政总监：
活动目标	消化断码断色的库存（小号码）		
目标值	120 件	活动时间	2 天
活动内容	购买满金额 300 元以上，赠送价值 500 元的个人写真一套 购买满金额 500 元以上，赠送 ×× 景点旅游套票 × 张 购买满金额 800 元以上，赠送 ×× 健身房 × 次训练卡		
活动执行流程	1. 顾客筛选 A. 顾客筛选 2. 目标分解 A. 男装__________件；女装__________件 B. 顾客平均每人__________件 3. 话术设计 A. 邀约话术设计______________________________ ____ ____ ____ ____ B. 邀约时间__________________________________ C. 电话邀约量________________________________ 4. 邀约顾客 A. 电话邀约人：______________________________ B. 打邀约电话数量：__________________________ C. 邀约成功率：______________________________		

续表

<table>
<tr><td>活动执行流程</td><td>5. 接待流程
A. 主接待人____________；副接待人____________
B. 主接待人____________；副接待人____________
C. 主接待人____________；副接待人____________
D. 接待流程设计：____________________________
____
____
____</td></tr>
<tr><td>活动准备</td><td>物品清单：
1. 衣服准备（责任人　　　　　　）
2. 物料准备（责任人　　　　　　）
3. 礼品准备（责任人　　　　　　）</td></tr>
<tr><td>监控</td><td>监控人：
监控内容：
1. 邀约电话完成情况
姓名　目标电话数量　实际电话数量　确定时间来人数　不确定时间来人数　明显拒绝人数
<table>
<tr><th>姓名</th><th>目标电话数量</th><th>实际电话数量</th><th>确定时间来人数</th><th>不确定时间来人数</th><th>明显拒绝人数</th></tr>
<tr><td>导购 1</td><td></td><td></td><td></td><td></td><td></td></tr>
<tr><td>导购 2</td><td></td><td></td><td></td><td></td><td></td></tr>
<tr><td>导购 3</td><td></td><td></td><td></td><td></td><td></td></tr>
<tr><td>导购 4</td><td></td><td></td><td></td><td></td><td></td></tr>
<tr><td>导购 5</td><td></td><td></td><td></td><td></td><td></td></tr>
</table>
2. 淡场时间接待训练
<table>
<tr><th rowspan="2">姓名</th><th colspan="2">扮演导购次数</th><th colspan="2">扮演顾客次数</th><th colspan="2">观察员次数</th></tr>
<tr><th>目标</th><th>实际</th><th>目标</th><th>实际</th><th>目标</th><th>实际</th></tr>
<tr><td>导购 1</td><td></td><td></td><td></td><td></td><td></td><td></td></tr>
<tr><td>导购 2</td><td></td><td></td><td></td><td></td><td></td><td></td></tr>
<tr><td>导购 3</td><td></td><td></td><td></td><td></td><td></td><td></td></tr>
<tr><td>导购 4</td><td></td><td></td><td></td><td></td><td></td><td></td></tr>
<tr><td>导购 5</td><td></td><td></td><td></td><td></td><td></td><td></td></tr>
</table>
</td></tr>
</table>

续表

积分制	1. 邀约电话 A. 邀约电话数量达标情况：达标者奖励 10 分；不达标者扣除 10 分 B. 确定来人数量最多者，奖励 20 分；最后一名扣除 20 分 2. 接待流程 A. 目标次数达成者奖励 10 分；没有达成者扣除 10 分 B. 实际演练次数达标并超出其他人奖励 30 分 3. 本周成交 A. 邀约成功率最高者奖励 30 分 B. 连带最高者奖励 30 分 C. 平均单价最高者奖励 30 分 D.VIP 销售占比最高者奖励 30 分		
奖惩	非金钱奖励		非金钱惩罚

（2）顾客来了之后，要通过服务分类有效地管理顾客。

对那些一次性购买金额高的顾客要格外重视，这类顾客来到门店后要对其进行隆重的接待，提供令其意外的服务，如赠送鲜花等，把这些贡献率较高的顾客培养成店铺的忠实粉。另外，给不同的顾客提供不同的服务。例如，很多女装品牌会有一些高端的顾客，她们一次购买量非常大，但因为工作太忙了，购买次数非常少。于是，某品牌便针对这类顾客提供上门服务，定期将新款带到 VIP 家中，顾客看到有合适的便留下，不合适的便返回来。这样的上门服务占到了该品牌销售额的 28%，可见有效管理 VIP 对品牌来说何其重要。

（3）向顾客传递高品质、高质量的服务。

当我们提供超出顾客预期的服务时，顾客会愿意为溢价买单。例如，咖啡厅里的一杯拿铁售价大约 30 块钱，但成本价也就 3 块钱，可是在咖啡厅顾客可以休闲地坐上半天、一天，还可以跟朋友聊天，所以顾客愿意为它的溢价服务买单，而这种服务是带不走的，要想享受服务，必须得下次再来。所以，向顾客传递高质量的服务是构建顾客满意的基础，如此才能维护住顾客。

妥善处理顾客流失

在服务过程里，往往有一点不注意顾客就会流失，而且这个流失可能是永久性的流失。有一个真实的案例，西安某个品牌，一个顾客买了他们家的产品，第二天一早就来了，可能产品有一点点的瑕疵，但也并不是太大的问题。这天早班正好店长当班，店长是近视眼，当天也没有戴眼镜。顾客来了之后很生气地说："你看你们家什么大品牌啊，还有质量问题。"这时候店长把衣服拿起来检查，因为没戴眼镜看不清楚，就拿着离眼睛越来越近，说："在哪里啊？我怎么看不清啊。"就这一个动作让顾客火冒三丈，顾客认为在店长眼里自己是故意找麻烦，后来他们甚至产生了冲突，顾客还进了医院。最后经过领导协调私了，顾客向店长提出了八千元的赔偿款。正是因为这个店长没做好处理流程，一不小心让顾客心里不舒服，就造成了这种现象的发生。所以在处理顾客的抱怨、投诉的时候，需要建立一套标准化的流程，如此才能减少顾客的抱怨甚至是流失。建立标准化的处理流程要有效应对顾客流失的因素。

（1）应对顾客流失的因素，要有前瞻性的保留措施。

当顾客来到店铺成功购买了产品，我们就要开始有意识地给顾客做铺垫。如果产生一些不必要的质量问题或者顾客自己造成的一些问题，我们必须有前瞻性的应对。例如，不要说绝对的话。冬天买毛衫的特别多，顾客在成交时问毛衫会不会起球，如果导购回答说“绝对不起球”，一旦衣服起了球，顾客回来找导购的麻烦时，就会产生不必要的纠纷。所以不要把话说满，可以对顾客这样说：起球的现象不敢保证绝对没有，如果正常地穿着，穿得小心一些不会起球，到现在为止还没有一个顾客因为起球现象找回来的，这也跟我们穿着方式有极大的关系，在穿着的过程里也有一些注意事项……不把话说满，万一顾客再找回来，也会耐心地去了解起球的原因，不至于发生冲突。

（2）应对顾客流失的因素，还要有一些事后的保留措施。

顾客一旦找回来，不管是因为产品质量问题，还是因为顾客的穿着问题，我们都要马上进入处理的流程。处理一定要是流程化的，这样才不至于让顾客产生逆反心理，而要让顾客火气压到最小，产生很舒服的感觉。例如，有一些顾客会怒气冲冲地质问：“你看你家是什么大品牌，质量这么差！”这时我们要进入服务流程，先恭敬地向顾客鞠一躬，并真诚地道歉。当看到我们这个举动，很多顾客反应不过来，火气就消了一半。顾客发现产品有质量问题时心里很不舒服，影响其使用体验，为此顾客会想换货或者退货，可是又担心收货方不同意，为此大多数顾客会选择在气势上先发制人，一到店铺就把所有的火气都撒出来。这个时候，我们进行真诚的道歉，顾客会感觉出乎意料，火气便消了一大部分，之后便可以心平气和地处理问题。

随着年份的增加，顾客对企业的贡献度也在逐渐增加，这是一个铁律。顾客购买增加，运营成本就会降低。相比开发一个新顾客，维护老顾客更容易，带来的利益也更大，因为开发新顾客需要的精力大约是维护老顾客的六倍。因此，门店必须透彻了解顾客的内心需求，加深对顾客的服务和维护深度。

你还在闷头做下属的活儿吗?
你还在直接用钱奖励员工吗?
你还在放任员工总问问题吗?
如果是，那你该换个“脑袋”了。

第五章
换个“脑袋”建团队，打造自驱动力员工

第一节　你可能抢了下属的饭碗

【小场景】

陈女士是某门店的一名店长，最近她突然意识到自己好像陷入了管理的陷阱，在一种恶性循环中脱不了身。

陈女士本来是一名导购，由于业务突出，连续数月都获得了最佳导购后被提拔为店长。刚刚晋升为店长的陈女士有一颗迅速做出业绩的心，可是她的员工却并不配合她。在陈女士眼里，这些员工不仅在能力上完不成每天的业绩指标，在心态上也十分消极，做事情总是拖拖拉拉，有时候还会聚在一起闲聊，影响很是不好。如果陈女士对他们进行批评往往会招致更大的反弹，员工会用更消极的工作态度表示自己情绪上的不满。陈女士没辙了，为了完成业绩指标，每天陈女士都冲在销售一线上，接待顾客，给顾客搭配衣服，推荐顾客开卡，等等。到月底，业绩是勉强完成了，可是业绩的 80% 都是陈女士一人独自完成的。

经过第一个月的奋战后，陈女士再也离不开销售一线了。如果她离开销售岗位，店铺业绩目标的 50% 都难以完成。于是，陈女士每天都在忙销售，与其说她是一名店长，还不如说是一名资深导购。

自己本该是店铺的管理者，可怎么就成了一名资深导购呢？陈女士对此疑惑不解。

【追根溯源】

店长是门店中关键的管理者，对上要负责公司各个部门的协调，对下要负责一线的销售工作，同时还要负责与商城各个部门的对接，店长是一个万能的存在，让店长冲在一线做销售绝对是得不偿失的事情，因此如何减轻店长的工作和压力才是关键。

可是现实却并非如此。在终端，店长把工作给员工安排好之后，也会隔三差五地询问员工的工作进度，当店长询问时员工往往会有一大堆的抱怨，好像处处都有问题。很多店长听到员工的抱怨后往往会把事情揽到自己身上，冲在一线做起了员工的工作，店长是有能力的，但是店长也分身乏术。

管理者的级别越高，其管理的部门越多，负责的事务越多，需要检查的事项越多，发现的问题就会越多，如果管理者把所有的事情都揽到自己身上，时间久了之后，就会忙得一塌糊涂，结果每一项做得都不是很好。管理者本来是招下属来协助他的工作的，结果招来的员工都成了帮管理者发现问题的人，解决问题还是落到了管理者身上，到最后变成管理者都在干下属的工作，而自己的工作则让自己的领导做了。这就是由于管理者抢了下属的工作，让下属无活儿可干。

一线任务完不成，最着急的是店长。店长冲在最前方做销售，固然可以把门店的业绩提上去，但是谁来管店呢？督导在管店。巡店中督导在看账簿、看陈列、看库房，帮着店长管理店铺。那需要督导做的数据分析、店铺分区数据对比、找问题等工作谁来做？经理或总监在做；那经理、总监的活儿又是谁在做？店主在做；那店主的活儿谁做呢？导购在做。是的，现在很多员工比店主还像店主，不想上班便不来上班了，也不请假，直接将手机关机，这种现象是很常见的。

门店管理要想回归到一种良性的发展，管理者必须回归身份，做自己应该做的工作，不要抢下属的工作让下属没活儿可干。

【NLP 教练技术】

管理者抢了下属的工作，无非是因为员工做得不好或者员工不去做。要想解决这个问题，必须解决好员工自驱动力问题，让员工积极主动去做。对此，NLP 教练技术给出了如下几点意见。

（1）塑造员工信心，解决团队内部矛盾。

实际中，很多员工工作不积极是因为没有自信，面对顾客时有很大的心理压力，如果这时候店长又对员工进行强压式的管理，会让员工在心理上难以负荷，从而对工作产生抵触。因此，很多时候不是员工不工作，而是不知道该如何工作。这就需要店长给予员工信心，帮助员工进入良好的工作状态，而不是一味地接手员工的工作，让员工无工作可做。

另外，店铺里往往有数名员工，人多就容易产生矛盾，当员工之间存在矛盾时，员工的不良情绪就会在工作中反映出来。因此店长还要妥善处理好员工之间的关系，增强团队之间的凝聚力和向心力。

如何塑造员工的信心，并妥善处理好员工内部之间的矛盾，本章第二节将进行详细介绍。

（2）关注员工内心情感，改变激励方式。

门店里的一线员工大多是 90 后，他们没有什么金钱压力，对金钱的渴望也不是很大，可是很多门店依旧在拿金钱对其进行激励，这自然难以得到良好的效果。

时代在变化，人也在变化，只有顺应了变化才能在竞争中立于不败之地。拿钱激励员工已经不再有效了，现在的员工更重视的是参与感、幸福感、荣誉感等内心情感上的东西。因此，门店必须根据员工的具体情况，设计出一套非金钱激励制度，具体内容请见本章第三节。

（3）培养员工解决问题的意识和能力。

实际中，管理者常常被员工的各种问题搞得焦头烂额，相比为员工解决问题，更加需要管理者做的是培养员工解决问题的意识和能力。具体如何解决这一问题，本章第四节将给出答案。

第二节　如何从“要我做”到“我要做”

很多门店的员工工作是因为领导“要我做”，这样的心态导致的就是员工工作不积极，敷衍对待工作，如此自然难以得到顾客的认可。如何让员工从“要我做”转变为“我要做”，提高员工的工作积极性，要从三个方面来考虑：一是解决员工自信心不足的问题；二是消除员工之间的误会和摩擦；三是员工之间互相认同。

能量加持，给员工自信

很多新员工初来乍到，对自己很没有信心，如果工作初期又遭到一次次的打击，那他的积极性就会不断减弱，这就需要领导对其进行能力加持。但是，面对员工工作初期的失误，很多管理者往往会进行严厉的批评。一次批评员工可以接受，接连不断的批评就会把员工压得喘不过气，即使再强大的心态也抵不过多次的打击，因为人的崩溃即源自重复的打击。

在实际中，经常有员工说：“我们领导从来没有认同过我们，经常说我们这里不好那里不好，总是在数落我们，从来没有给过我们一句认同的话，说句实话，工资给多少我们真没有那么在意，我们在意的是自己的价值感，做了半天等于白做，拿着这个钱，我们心里都感觉不舒服，总是感觉自己拿了钱但是没有做事。”所以，管理者越是打压，员工越是失落。这时候管理者可以用另外一种方式，也就是能力加持，以此提高员工的积极性。

能力加持的流程如下：

第一步，所有人聚在一起。

第二步，找出一个人，站在队伍的前面背对所有人，剩下的人围成一个半圈，把手举起来放在这个人的肩膀上。

第三步，每个人都闭上眼睛，用心平复自己的情绪，从内心给这个人一个正能量的支持。同时，其余人还要对这个人说：“你是最棒的，我们需要你。”“你是最棒的”其实是一个心理暗示，能够让人增强自信心；“我们需要你”可以让人感觉到自己对他人来说是非常重要的。只要大家说出来，对方接收到这个信息了，同时大家的手触碰到这个人的身体了，这个人就能通过视觉、触觉、感觉真正地感知到这种力量，从而减少自卑感，激发出自信心。

第四步，大家依次进行能量加持。

第五步，分享，即每一个人都分享一下自己在这个过程中的收获和感受。很多员工没有自信心，经过能力加持，其内心可能就会变得强大起来，充满能量，在销售中跟顾客交流时，语气、语调完全不一样，把这些分享给同伴，可以让自己更加自信，拥有更强大的力量。

NLP 能量加持这个工具，可以应用在很多方面，如淡场伙伴积极性不高时、被顾客拒绝多次之后、晨会结束时等。

批评与自我批评，消除误会和摩擦

人都具有群居性，如果被团体排斥，就会感到孤独；一旦被团队接纳了，就会有安全感。只有消除人与人之间的摩擦和误会，个人才能融入团队中，才能在工作中展现积极的一面。

团队之间的矛盾可以通过批评与自我批评来化解。在小团体中，每个人心中都藏有小情绪，这会影响团队的凝聚力。有时可能店长的一次无意批评，导购会很介意，导购心里不舒服就有可能对顾客发泄不好的情绪，之后顾客就会向店长投诉，店长又要向顾客道歉。店长和导购之间的矛盾就会一直存在甚至加深，影响销售业绩。这时如果利用批评与自我批评，使双方都能认识到自己的错误，并合理解决，就可以使大家相处更加融洽。

批评与自我批评的操作流程如下所示：

第一步，做宣导。作为领导首先要告诉大家，这是一个非常严肃、庄重的事情，不要藏着掖着，有什么话都要直接说出来。通过宣导让大家从内心重视批评与自我批评。

第二步，组织大家坐在一起围成一个圈。

第三步，自我批评。自我批评也有一个小流程，首先领导先自己批评自己，领导对自己批评得越狠，越能起到模范带头作用，随后员工才会发自内心地说出自己的心声。然后员工进行深刻剖析，并做记录。

第四步，批评每一个人。批评他人之前，要先做一个宣导。管理者要说清楚批评他人的要求：第一，对事不对人；第二，过去所有的不愉快全部说出来，绝不留情面，而对方要接受并记录；第三，被批评者不做任何解释与反驳，要认真听仔细听；第四，无论批评有多重，不能记仇，不能记恨。所有这些，都是对事不对人，都是为了集体好。宣导结束后，从领导者开始一一地被别人批评。被批评的时候，要按要求做到最好，批评的那个人也要用心而不能草草了事。

第五步，结束之后每个人都要说出自己的感受。

第六步，给每个人一个能量加持。批评完以后，要进行鼓励，让对方看到希望。

当所有人都在说另一个人的一个问题时，他就会清楚地意识到自己一直忽略的问题，才能开始改变。例如，有个人说话很难听，在批评与自我批评中所有人都针对他这一点提出意见，这时他才能注意到自己的问题，意识到自己的说话方式有问题，他才能改进。批评与自我批评，能让我们这个团队瞬间从一盘散沙凝聚起来。

感恩墙，彼此认同

在实际中常常会出现这种状况：伙伴之间相处久了，便总是看到对方的缺点；伙伴之间缺少了内心情感的交流；对伙伴的一些付出，对方总感觉是应该的，时间久了，大家就都不愿意去付出了；做事得不到别人的认可，人的内心就会感觉被伤害了，也就不愿意再去付出了；等等。

感恩墙可以很好地解决这些问题。感恩墙可以让每个人看到伙伴的优点，审视自己的不足，加以改进；让每个人学会感恩，增加团队的凝聚力。激励人与人之间的付出，学会感恩，每个人付出得更多，团队也会更好。解决了这些问题，员工之间才能相互认同，店铺氛围才能更加和谐，员工在工作中才能有积极性。

感恩墙的操作流程如下：

第一步，找一个显眼的位置作为感恩墙，感恩墙的形式要发挥大家的想象共创。

第二步，每个人要给别人写感恩语。写感恩语的时候要写得非常详细，如别人帮助自己的具体事情是什么，打算怎样感谢，等等。

第三步，把感恩条交给感谢的对象，对方看完之后粘贴在感恩墙上。

第四步，每天或者每周收集一次感恩条。写感恩语的次数不限，大家可以用这个方法表达对对方的认可。

第五步，制作感恩纪念册。收集感恩条后，店长可以买一本纪念册，把写得好的感恩条粘贴在纪念册上，以后翻看纪念册的时候，会感到满满的温暖和幸福，这是非常有意义的一件事情。感恩墙，虽然只是一张张小小的纸条，但却是每个人的真情流露，会大大增加团队的凝聚力。

需要注意的是，有时感恩墙贴满了，然后就再也没贴过，再也没换过，在落地中要避免这一现象。

只有做好了能力加持、批评与自我批评、感恩墙这三方面，才能消除员工自信心不足的问题，才能妥善地处理员工之间的矛盾，才能增强员工之间的认同，为员工积极工作排除干扰。“要我做”型员工转变为“我要做”型员工，关键就在这三方面。另外，为了打造自驱动力员工，除了解决员工本身及员工之间的问题，还要有适当的激励制度对员工进行鼓励，下一节将详细阐述新时代门店应该匹配的激励制度。

第三节　除了钱，员工更想要什么

金钱激励指通过工资、奖金等经济方式回报员工的付出，达到激励员工的目的。但是，金钱激励往往越用越没效果，一方面是金钱奖励只能一次比一次高，不然这个激励就达不到效果；二是相比金钱，员工有时候更想要的是非物质上的满足。

现在已经不是物质匮乏的年代了，员工也不再像以前那样为金钱“着迷”，更多时候，只要员工感受到来自领导者的关心和重视，他们便会无怨无悔地选择奉献，甚至倾力付出以求任务完成。也就是说，非金钱激励能够更好地激励如今的员工。

非金钱激励，也就是说不直接给钱的激励。不直接给钱，可以给物，给物比直接给钱要好，因为“物”关注的是员工的内在需求。例如，奖励一个印有员工照片或者名字的专属水杯，当员工看到这个水杯时就会产生一种自豪感，觉得这份荣耀专属于自己。

非金钱激励的七个方向

（1）竞争激励。

竞争激励，如个人与个人之间的比拼、店铺与店铺之间的比拼、区域与区域之间的比拼，通过比拼激发员工内在的动力，让他们把真正的价值发挥出来。比拼时每个人的潜意识里都有一种要证明我是最强、最棒的想法，所以利用竞争激励，可以激发员工内在的动力，比直接的金钱激励要好些。

（2）榜样激励。

把店铺里非常有代表性的人物设置为榜样，让每个人发自内心地向榜样学习。

【实战案例】

有一个女装品牌，他们每个月都会选出一个销售冠军，为他拍一张大大的彩色照片，然后贴在店铺库房的一面空墙上，并在照片上标上销售冠军的名字和某年某月某日完成销售的金额。让每个人都以此为目标去奋斗。即使离职，这个人在光荣榜上的照片、业绩依然要在。因为虽然他离职了，但跟以前的兄弟姐妹还是有感情的，偶尔大家会聚一聚，当他得知自己的照片依旧挂在光荣榜上，他会感受到即使离职了店铺也还有他的一个位置，店铺里还有他的回忆。而且也会让在职的员工感到无比温暖，更希望可以在店铺长久地工作下去。这就是榜样激励。

（3）痛点激励。

利用员工的痛点设置一个激励形式，让他们发自内心地动起来。销售人员的假期相对来说较少，大部分一个月休息四天，还有些休息两天，而有些品牌没有休假，只要一请假就会被扣工资，那么这就是员工的痛点。

针对假期少可以做一个激励方案，如休息卡，半天休息卡、一天休息卡和两天休息卡。一周销量冠军可以得一张半天休息卡，连着两周获得销售冠军可以获得一张一天休息卡，如果连着四周都是销售冠军那就可以得到两天的休息卡。可以在这一个月之内选择任意的时间休息，所以这种休息卡受到很多员工的喜欢，并且产生了显著的效用。

（4）尊重激励。

每个人内心里都有一种对尊重的渴望，都希望每个人对自己是尊重的、重视的。那我们就可以把这作为一个激励的方式，在店铺里，谁这一周做了销售冠军，所有人在晨会或交接班会议的时候，对这位销售冠军都要发自内心地鞠一躬，对他说：“你是我学习的榜样。”这时这个人就会非常开心，觉得受到了大家的尊重与重视，这样会激励更多的员工做销售冠军。关于尊重的表现，有多种形式，可以根据大家的商讨，制定出一个大家都认同的表现形式，满足大家内心对尊重的渴望，从而提升业绩。

（5）信任激励。

很多店铺的员工是非常有智慧、有想法的，尤其是90后的孩子，更是聪明。以前旧有的管理制度把他们的智慧压制住了，他们的能力没有被发掘出来，这个时候就可以以信任激励的方式激发他们的潜能。重要任务的完全信任分配是一种很好的信任激励，即对每个导购的优缺点做分析，并一一列出来，当遇到一件事情的时候就把它交给在这方面最擅长的人，并完全信任他。人对自己擅长的事情都是非常有信心的，也是最容易接受的。当任务完成之后，再给他认真地回馈，这时他会感觉自己的任务完成得很好，自己是非常有价值的，会有一种归属感、尊重感、荣誉感。

（6）赞美激励。

赞美看起来简单，其实却很少有人能做到。人与人相处时间久了之后，便只能看到别人的缺点，而这时候如果我们用赞美激励对别人表示认可，那么效果就不一样了。所以针对每个人的优点，要在适当的时候说出来，给予赞美激励。例如，可以在每天店铺开交接班会议的时候，选出其中一个表现好的人，大家共同说一说他的优点，不能重复，注意要发自内心地去发现他的优点。当他听到很多人说他的优点时，就会非常开心。

（7）情感激励。

除此之外，还可以通过对员工的家人表示关怀或感谢，来对员工进行情感激励。例如，店铺中一个员工表现得非常好，店长就可以在下班后，买一些水果及简单的礼品，到他的家里与他的家人们话家常，介绍这个店员在店铺里的情况，并且不吝啬地对其表示赞美，让他的家人为他感到骄傲自豪。还要感谢家人对这个店员的支持，不然店里也不会有这么优秀的员工。经过这么一番聊天之后，这个员工与家庭成员之间的关系会更和谐，对于店铺也会更加上心，更努力地做自己的工作，对于其他店员，也会更加真诚相待。经过情感激励，让店员得到了家人及同事的认可，店员会越来越好，越来越努力，连带着店铺也蒸蒸日上。

人人都乐于接受的惩罚

除了设置奖励，对于表现不佳的员工还可以设置一些惩罚。在设置非金钱惩罚时有三个原则：一是不罚钱，二是娱乐性要强，三是要选择大家容易接受的，具体的惩罚措施可以参照如下几种方式。

（1）怪味饮料的惩罚。

拿一个小玻璃杯，往里面倒上醋、老抽、味精等，或者放很多辣椒面、可乐，制作成怪味饮料，业绩不佳者必须一口气喝完。大家看到怪味饮料的制作都会浑身冒冷汗，但是一般都能接受，还觉得非常开心。

（2）打饭的惩罚。

谁得了倒数第一，就要给得第一的人每天中午打饭。

（3）整理仓库。

库房有时候比较乱，整理起来也耗费时间，很多人不愿意干这件事情，所以可以把它作为一个惩罚方式。得了倒数第一就要整理库房。倒数第一的人在整理库房时，一边整理一边可能就会想下次一定不是我，一定是他们。这时就会起到积极的作用。

（4）倒数第一的人每天早晨要把其他同事的杯子中都倒满热水。

尤其是冬天，早晨上班比较冷，来到店铺之后第一时间有一口热水喝，会让员工感觉很温暖，所以这种非金钱的惩罚是非常值得借鉴的。

（5）店铺中谁得了第一，惩罚其他人帮他实现一个愿望。

谁得了第一，每个人都帮他实现一个小小的愿望。例如，他想吃橘子，指定一个人帮他买一斤橘子；他想喝饮料了，可以让一个人帮他买饮料；冬天冷了，他想要一副手套，可以指定一个人帮他买。当然这个金额是有限度的，不要超过 30 元钱。他让每个人都帮他实现一个愿望，在做的过程中大家都接受这件事情，无论谁得了第一都会很开心，而没有得第一的人就会暗暗努力，下次一定得第一，把付出的再赚回来。所以在无形中也增加了每个人的动力，让每个人都有积极进取的心。

惩罚的形式可以是多种多样的，但是惩罚并不是最终的目的，而是为了激励员工，让大家把以前的抵抗情绪转变为积极情绪，创造更好的未来。

【实战案例】

赛琪运动关于非金钱奖惩制定了相关机制，它们将该机制分为三个模块，分别为情感专栏、荣誉专栏、劳动专栏。

其中，情感专栏设有“每个人给他一个大大的拥抱”“每个人给他表演一个节目”“按摩十分钟”等；荣誉专栏设有“在店务会上提出表扬，大家给他鼓掌”“颁发奖状一张”“发号施令一周”等；劳动专栏设有“最后一名给第一名按摩十分钟”等。并且，每个专栏的内容不固定，根据员工需求不停地补充、调整，在实践中取得了不错的效果。

非金钱激励的操作流程

第一步，宣导。对于非金钱激励，员工有时候接受，有时候不接受，所以前面要做一些铺垫效果。例如，有些店铺在做铺垫时，店长会问大家，想不想每天轻松愉快地工作？很多人说想要。接下来，店长就说，我们做一个有意思的游戏要不要？很多人说要。然后店长开始引入非金钱激励流程。这时第一步宣导就完成了。

第二步，确立主题。非金钱激励分为奖励与惩罚两个方面，所以首先要确定是讨论奖励还是讨论惩罚。

第三步，主题确定好后，讲一些案例。即在实际落地过程中，店铺中的一些比较好的做法。

第四步，写方案。每个人一张便签纸，写三个到五个方案，收集得越多，可选择性越大。写的时间为 5~8 分钟，不要太长。

第五步，合并同类项。大家写的可能会有重复，相同的只留下一个就好，之后汇总。然后让大家投票表决哪些采用，哪些弃用，充分尊重员工的意见。

第六步，具体的执行。在执行的过程中要分时段做一些提醒，让大家迅速行动起来。

第七步，承诺兑现。如果没有兑现，员工会感觉这件事情意义不大，就会不了了之，所以最后一步一定要进行兑现。兑现的过程要注意流程化。流程化就是指奖励要有隆重的形式，让人记住这件事情。如果很简单地就过了，大家就感受不到这件事情究竟好在哪里。所以一定要在兑现的过程中让大家有很深的体验感、参与感，这才能达到想要的激励结果。

不同层次的人有不同的需求，当员工的基本生活还难以维持时，给予金钱的激励自然可以充分调动员工的积极性。可是，如今的员工大部分在金钱上的压力并不是很大，他们更关注的是情感的需求，如果在门店他们可以获得信任、尊重、快乐等内心情感需求上的满足，他们一定会用 120% 的付出对店铺予以回馈。

第四节　用你的答案解答你的问题

员工是店铺内最具价值的要素，他们面对面接待顾客，最了解顾客的需求；他们接触过成千上万件货品，最清楚市场的走向；他们日日奋战在一线，最熟知事故的处理流程。如何最大化地发挥员工的价值，是每一个管理者都应该思考的问题。解决好员工的自驱动力问题，让员工寻求解决问题的答案，店铺管理便能水到渠成。

团队共创，发挥员工智慧

有些店铺几乎是一言堂，店长一个人说了算，所有人必须听他的，并且无条件执行，就算员工有自己的想法，也不允许说出来，所以员工即使有很棒的想法也不会去表达。还有一些店铺，部分员工不爱思考，领导让做什么便不假思索地做什么，遇到问题，只会找领导要解决方案，这些不良示范潜移默化地影响着那些自己主动找解决办法的员工，让他们渐渐也开始找领导要解决办法。

团队共创能让所有的员工积极参与，表达出他们内心的想法，然后大家进行集体讨论，决定采纳还是不采纳。这样既可以让员工有一种参与感，又可以充分发挥员工的智慧。

（1）团队共创的操作流程。

第一步，确定主题，即确定出要讨论的主题内容是什么。

第二步，确定今天的目标，即写出今天做的事情的目标或者结果。

第三步，头脑风暴，即让每个人都做出一套关于事情的解决方案。

第四步，筛选，即把大家头脑风暴做出的策略进行筛选。筛选的原则是易操作、见效快，这样选出来的方案会容易执行，增加团队信心。对不符合这两个原则的方案可以放在其他的位置。

筛选工具：

项目	易操作	不易操作
见效快		
见效慢		

需要注意的是，头脑风暴中有两个小流程。第一步，每个人发 3~5 张便签纸，给大家 5 分钟或者 10 分钟在每张便签纸上写一条方法。第二步，合并同类项，员工想出的方法会有雷同，所以需要把相同的内容进行合并。全部完成后进入策略上的筛选。

（2）团队共创的注意事项。

第一，员工写的必须是经过深思熟虑、行之有效的方法。对于那些不合适的方法，不要直接批评，可以让员工根据操作流程中策略筛选的方法，让其筛选自己的策略到底适合不适合。

第二，管理者不要反驳，让众人商定。如果员工对某个策略捉摸不定，这时候应该让更多的人对这个策略进行投票、发表意见，让所有人共同决定，而不是管理者独断专行。

第三，管理者不要直接给方法。在实际操作的过程中会出现这样的现象，店长组织大家共创一个策略，看到员工不爱写，就会直接告诉他执行方法，然而在执行的时候，员工又不愿意去做，因为他并没有发自内心地接受这个内容。所以作为管理者，一定不要直接给出决策方法，要让大家共同参与，共同解决问题，这样才能激发员工的思考能力。

有时也会遇到员工就是不写的情况，这时需要用管理推动的方法，告诉员工不写不能下班。员工一看店长来真的，也就开始写了。一两次的强制共创之后，员工不得不主动思考，以后再进行共创就没有那么困难了。

非正式组织，让每一个人出力

在培训会上，很多老师都会让成员选一个组长，确定口号和队名，然后通过积分、奖励的形式，让每一位成员都积极参与到课程里，成立的这个小组，就叫非正式组织。非正式组织对员工自驱动力方面发挥着积极作用，具体如下。

（1）非正式组织的好处。

第一，非正式组织可以满足每个成员的需要。大部分人都有当官的欲望，也就是对权力的一种欲望。正式组织难以解决这个问题，而非正式组织可以。非正式组织通过给每个人“封官加爵”，让他感受到自己是这个组织里非常重要的一员，这就满足了他内心的需求，让他感受到自己是有价值的。

第二，可以增强组织的凝聚力。每个人在组织里都能找到自己的位置，无形中他就会发自内心地想为这个组织做贡献。这样每个人的内心里都有正面积极的力量，大家会更好地凝聚在一起。

第三，有利于组织成员之间的沟通。在非正式组织中，每个人都是平等的，大家都有权力，所以人与人之间沟通起来都是直接了当，不会有忌讳的现象，这样有利于顺畅地沟通。每个人都有官职，但每个人之间都是平级的，这样沟通起来就会非常顺畅，有问题直接沟通，就算是交叉沟通也会非常便捷顺畅。

第四，有利于组织目标的实现。非正式组织最大的好处就是每个人的参与性非常强，每个人的职责性也非常强，他会用心去参与这件事情，从而实现正式组织的目标。因为非正式组织跟正式组织之间的目标是相匹配的，非正式组织的人员是围绕正式组织的目标展开的，所以和正式组织不但不冲突，还有非常好的补充作用。

（2）非正式组织的操作流程。

第一，定组织名称。围绕主题，定一个与之相关的组织名称。名字代表新的团体的形成，每个人都会感觉到是组织的一员，从而找到安全感和归属感。

第二，定职位。每个人都要有自己的“官位”。如有人想当董事长，那就可以当董事长；想当 CEO，也可以当 CEO。定职位时，要让每个人都坐上自己想要并合适的职位。另外，定职位时，总的组织者、负责学习的职位、负责监控的职位，选择的一定要是爱操心、不怕事、愿意督促别人、愿意帮助别人的人，其他的职位可以任选。

第三，定职责。针对每个人选的位置，要制定相匹配的职责。这个职责应该先让他自己说出来可以为组织做些什么，对总目标的完成有什么帮助。在他说完之后，让其余员工补充至大家都认可为止。定职责时还要注意制订一个工作量化表，以此评判每个人的工作职责是否到位。

第四，定纪律。做任何事情都要有纪律性，即这个事情做好应该得到什么奖励，没有做好应该得到什么惩罚，如果没有奖励和惩罚，很多人会觉得做与不做都一样，那这个组织也就没必要存在。所以我们可以利用非金钱奖惩机制等，大家一起定一个纪律的标准去实施奖惩。

第五，定底线。例如，负责监控的人，他的任务是去帮助、提醒别人，而有的人对此一开始比较反感，这样负责监控的人就不愿意再提醒他了。结果出现问题了，大家又开始相互推卸责任。所以每个人对自己的工作都要有一个底线，如只提醒几次，之后再不提醒，出了事要全权负责。同时，定底线时，要让每个人都完全清楚如何配合他才能达到他的要求。

第六，定承诺。当每个人选择了职位后，就要承诺他能为这个组织做什么，能帮助组织达成什么样的目标。通过承诺让大家对自己的态度有所了解，以此更好地促进事情的发展。

第七，做分享。当整个流程结束之后，还有一个重要环节，即做分享。每个人说出自己对所在职位以及对非正式组织的感受。每隔一段时间分享一次，这样大家会觉得这件事情越来越有意思，越来越重要，非正式组织就会延续下去。

（3）非正式组织的注意事项。

第一，员工可能并不重视这件事情，为了让员工重视，店长需要在成立非正式组织之前进行宣导，让他们对这个非正式组织感兴趣。

第二，引导者要禁忌指派。有很多领导者会直接对员工说你去做什么，这是不对的。一定要让员工自己领职责、领任务，而不是领导直接指派。

第三，要注意做的事情是否与主题相符。在实际落地的过程中，可能出现非正式组织所做的事情与落地行动目标不相匹配的情况。所以在实际建立非正式组织时一定要注意主题相符的问题，否则只会做无用功，浪费人力、财力、物力。

第四，要注意职责量化。例如，“学习委员负责大家的团队训练”，这就是没有量化。负责团队训练，做到什么程度工作才算达标呢？所以必须把职责量化出来，只有这样工作才会越做越好。

解决员工自驱动力问题，除了可以采用团队共创、非正式组织等方式，还可以规定员工问问题时要给出三个解决方案，让员工把注意力放在解决方案上，这样员工才会不断思考，对问题给出答案。不管采用何种方式，激发员工自驱动力是关键，如此员工便能用自己的答案来解答发现的问题。

你还在把货品分为畅销和滞销吗？
你还在根据货品畅滞销榜补货吗？
你还在为无货和调货难而头疼吗？
如果是，那你该换个“脑袋”了。

第六章
换个“脑袋”管货品，打造店铺货品预警机制

第一节　库存是零售企业马上需要解决的问题

【小场景】

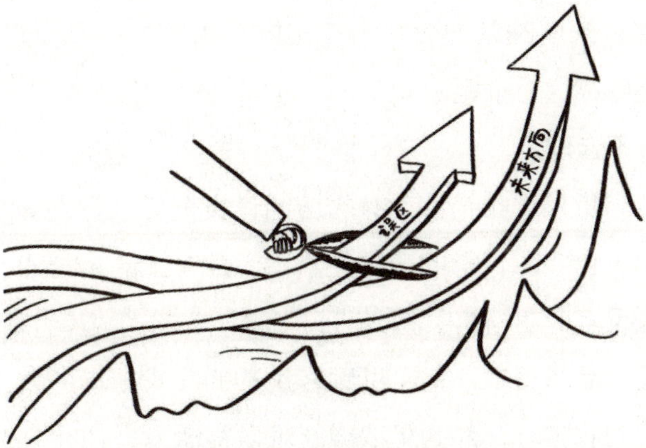

今年是林女士开店的第一年，由于初次订货时对销量过于乐观，当时订的货品在换季期依旧还剩有一半之多。看着库房里的库存，林女士真是

急在心里。

林女士心想，库存积压资金就难以回笼，如果再订新货，会造成更大程度的库存压力，现在应该集中精力消灭库存。于是，在订货会上，林女士只是象征性地选了几款货品简单地更新了下店内陈列。

让林女士意外的是，正是因为自己选择不充分补新货直接导致了店铺的失败。优先选择处理库存，而放弃大量采购新货，致使在新季时店内还是以旧货为主。顾客来到店内，一次两次看到没有上新货并没有什么异常，可是时间一长后，前来的顾客越来越少，顾客对店铺的忠诚度在无形中越来越低，而积压的旧货依旧卖不出去，这时候，林女士积压的这一盘货就慢慢地变成了“死货”。

当林女士意识到自己做了错误选择时，她的店铺已经无法挽救了。

【追根溯源】

很多店铺都害怕库存，然后就想着先销库存再订新货。殊不知，没有新货时顾客根本不会上门，销售库存更是无从谈起。还有一些店铺在库存压力大时毅然选择订购新品，顾客是上门了，但是销售出去的只是新品，旧货丝毫未减，最后库存压力不减反增。

为什么库存问题难以解决？为什么库存越销越多？找到了问题根源，才能彻底解决库存这一难题。

（1）订货不合理。

有的店铺订货只订畅销款，有的店铺订货全凭订货人喜好，有的店铺订货根本不顾销售实际，有的店铺完全不考虑员工的销售能力和偏好……订货忽视这些因素，在销售中就会遇到困难，容易造成库存积压。

这会造成货品风格单一，可供顾客挑选的款式屈指可数。当顾客一眼就看完了所有的衣服时，其购买欲望就难以被激发，往往会选择去另一家店铺选购。

这会造成货品不符合区域顾客的需求。每一区域的顾客不同，而销售数据可以充分反映该区域顾客的偏好。订的货品完全符合社会主流品位，可是区域内的顾客不接受，那它就只能是造成库存的滞销款。

这会造成员工销售不积极。如果员工连带能力特别强，但是订的货品难以组合就会造成连带销售困难，员工的销售积极性就会被打消。有的员工有特别明显的销售倾向，如喜欢销售面料特殊的货品，如果这时订的货品都是普通面料，员工往往会消极销售。

（2）补货标准有偏差，补货时机不合理。

很多店铺是根据货品的畅滞销排名来补货，没有看到货品卖得好不好还关系着货品售罄率。有些货品的销量可能都没有上到畅销榜上，但是其售罄率可能接近100%，这时如果由于其总销量不高而选择不补货则明显不合理；同样，对于那些总销量很高但是售罄率低的货品是不应该选择补货的，因为库存还有很多。

另外，很多店铺从不提前做预判，每次都是等货品卖完之后再补，但是生产方往往是根据店铺的预订来生产的，店铺想补货时可能根本没有货可补。等店铺把货补上时，可能该货品已经错失了最佳销售时间，最后就成为积压的库存。

（3）员工对库存情况不清楚，店铺间调货困难。

很多员工对库存不清楚，有时候顾客看上某件货品，到库房后发现没有相应尺码，这就导致成交失败，而导致库存压力大的直接原因就是货品无成交。

面对其他店铺来调货，大部分人往往会找各种理由不配合。出于自私，店铺间往往互相消耗彼此的信任额度。最后的结果是各店铺结了仇，本该销售出去的货品成为店铺的库存。

【NLP 教练技术】

库存是困扰众多店铺的难题，找出其问题根源，用 NLP 教练技术予以解决才能取得可观的效果。

（1）转换思路，滞销变畅销。

滞销只是给货品下的一个定义，当每个人都能说出滞销货品的三个优点，这时候就会发现滞销货品也并不是那么难以销售出去。员工不喜欢一款货品时，就会不愿意去推销它，也没有话术去推销；当员工喜欢一款货品时，员工对其就比较熟悉，就有话术去推销，员工越推销顾客越接受，销售越好员工越有信心去推销。除了改变员工下的定义外，还可以通过激励、精准销售、组合搭配等带动滞销货品的销售。这就是转换思路，滞销也可以成为畅销，本章第二节将对此做出详细阐述。

（2）科学补货，避免货品积压。

补货时需要考虑的不是货多货少，而是适合不适合，补货是为了将销售最大化，因此一定要科学补货。科学补货需要建立店铺货品预警机制，详细内容请见本章第三节。

（3）制定制度让员工对库存了然于心。

当员工对库房内货品的款式、颜色、尺码一清二楚时，销售时就能准确地将有货的货品推荐给顾客，保证不会因为缺货而导致成交失败。为此，就需要制定制度，让员工能够看货知库存，关于这部分内容本章第四节将进行详细介绍。

第二节　想解决库存，先解决思路

库存是一个老生常谈的话题，也是每一个店铺管理者都非常关心的话题。本章所讲的现货管理是指如何让店铺里的这一盘货效益最大化，为此就必须解决库存问题。而解决库存问题，要从解决思路出发。

库存大，是工作没做好

订货、现货分配、员工销售偏好和销售技巧、货品陈列等都会影响货品的销售，而销售不好就会产生库存，下文将对这几个方面进行分析，并阐述该如何转换思路。

（1）订货。

有一家店铺订货时，S 码、M 码、L 码、XL 码、XXL 码，每一个尺码都订了10件，结果M码和L码的货品卖光了，而其他尺码的货品才卖出去一两件，最后成了店铺的库存。该店铺之所以会出现这种情况，就是因为订货不合理。

订货是为了让货品数量合理，确保有货可卖，同时要做到库存合理，最大限度地利用资金，让店铺良性运作，为此在订货时要充分考虑各方因素，如表6-1所示。

表6-1 订货时需考虑的因素

因素	具体内容
外部因素	环境的预算，如宏观政策、消费导向
	顾客群体的变化
	竞争品牌
	新科技、新材料、新功能
	消费习惯
内部因素	各月销售的曲线分析
	货品线宽度及深度
	类别货品的周期更新率
	货品流行趋势的预估
	重大事件的回顾

外部因素中，顾客群体的变化相对来说微观一点，如店铺位于何处，该处附近顾客的消费能力如何，顾客倾向于消费什么价位的货品，顾客的消费倾向是如何变化的，等等。例如，一家开在老城区的店铺，经过城市周边房地产的发展，一些购买能力比较强的顾客都搬到新城区去了，这些留在老城区的顾客的总体消费能力下降了，因此买低价货品的顾客会越来越多。为了迎合顾客的变化，店铺订货也要做出适当的变化。

内部因素中，各月销售的曲线分析，就是店铺每个月的销售量在上半年、下半年的销售总量中所占的份额。例如，今年A店铺4月的销售量占整个上半年的60%，8月的销售量占整个下半年的10%。把每个月的销售占比做成图标，连上线，就是A店铺的销售曲线了。通过分析销售曲线，可以看出A店铺上货的波段是怎么样的，在各个重要的销售周期里面有没有缺货的现象。可以参照该月销售的曲线来订货，但是在参照中不能照搬卖货情况去订货，还要分析在销售量少的波段里面，是不是由于存货少导致的销售量低。

订货时还要关注货品线的深度和宽度。货品线的深度就是指订货的同一品类中花样够不够多，同种款式的衣服有几种颜色、几种花纹。货品线的宽度就是指订货的品类全不全。在店铺终端有一种现象：看货的时候是一盘整货，但订回去就变成了一盘散货。拿着服装公司的陈列手册再去陈列的时候，根本就陈列不出那种效果了。这其中的原因就是，图册上的货品没有订全，此时陈列手册已经无效了。所以，货品线宽度应该尽量根据它的整体搭配性和系列性来确定。

另外，货品应该随着销售周期的更新而更新，这种更新并不是指在货品销售周期过了之后才能上新款，而是阶梯状的。在一个货品成熟期、销售最高峰的时候，其销量马上要下滑，这时要有新品慢慢地去接替这个货品，所以订货时不能再大量订购。

感觉是会出错的，订货时不能只凭感觉走，要结合各方信息和具体实际科学订货，如此才能避免订来的货卖不出去，减轻库存压力。

（2）现货分配。

货来之后在各个店铺内平均分配货品，是大多数店铺的做法。可是店铺位置不同，销货情况会有很大的不同，商场店、百货店、街边店、社区店的销货量不可能是一样的。因此，平均分配货品往往会带来不同程度上的库存。

店铺位置不同，其卖货情况往往会有很大的差别。可能在A店铺卖断了货的货品在B店铺是滞销品，如果这时采用平均分配则明显不合理。可以按A类、B类、C类、D类店铺分配货品，A类店铺分配的货品最多，B类店铺分配的货品少一点，C类店铺分配得再少一点，D类店铺往往是折扣店，分配得最少。

每个店铺的员工喜好不同，其卖货情况也会有一定的差异。分配货品时可以结合各个店铺员工的销售特色进行分配，卖自己喜好的货品可以提高员工的积极性，货品成交率比较高，一定程度上可以消除库存。

另外，员工的销售技能也会影响销售情况。例如，对于一个连带率比较高的店铺，可以多分配一些可搭配的货品，少分配一些难以搭配的单品，充分发挥员工的能力，成交率提高后库存压力自然就会减小很多。

（3）陈列。

一些品类在销售占比中所占的量并不是很大，销售额并不是很高。有时候这并不是货品本身的问题，而是陈列有问题，没有将货品充分地展示给顾客，自然难以形成良好的销售局面。因此要在陈列上下功夫，提高货品成交率，减小库存。

滞销变畅销的秘密

店铺的滞销货直接影响店铺的利润，作为店铺的一员，需要做的是如何把货品卖出去，实现店铺利润最大化。那么，接下来就探究一下如何将滞销货品变为畅销货品。

（1）重新定义。

货品好卖不好卖是员工自己下的一个定义，当员工认为某个货品不好卖时，在心里就会很排斥该货品，顾客来时也不会主动推荐该货品，顾客问到该货品时也没有相应话术去回应，这时这件货品的销量自然不会高。当员工喜欢一件货品时就会对该货品充满感情，顾客来了会主动推销它，顾客问到后会有源源不断的话去讲解它，导购说得越多，顾客的感受越丰满，成交率就会越高。

因此，员工重新定义货品，就可以变滞销为畅销。

（2）激励机制。

员工不想卖滞销品，主要是因为其难以给员工带来经济上的回报。在店铺里，往往所有货品的提成是一样的，相比滞销品，畅销品的成交率要高很多，对员工收入增加的作用更明显。因此，可以对滞销货品设置奖励机制，打消员工内心的抗拒。可以制定一个制度，库存时间超过多久的货品，其相应的提成要比新货多一些，以激发员工的销售欲望。当员工销得多了，滞销也就变成了畅销。

（3）精准销售。

有时候滞销货品之所以卖不出去，是因为没有卖给需要它的人。这时候就要员工做到精准销售，对顾客进行筛选。结合滞销货品的款式、颜色、尺码，然后在 VIP 档案中搜索顾客的购买倾向，向那些曾经购买过类似货品的顾客拨打邀购电话，这时候的成功概率会比较大。

（4）搭配能力。

人在不同的环境下要穿不同的衣服，“宅”在家里时一般会穿得随意一点，开会时则要穿得正式一点。不同职业的人需要不同风格的衣服，学生偏好休闲一点的衣服，上班族一般要穿正装。因此，搭配多种风格的衣服，可以吸引多种人群的购买。有时候往往不是滞销品是否能够卖出去、如何卖的问题，而是员工要能给予顾客充足的购买理由，滞销品一样可以当作畅销品来卖。

库存是订货不合理订来的，是滞销货品积压带来的，解决这一问题后，还要建立店铺货品预警机制，以此来明晰何时补货、补多少货。如此才能将货品管理工作简单化，简单的事情容易可复制，可复制的工作才能使业绩最大化，具体如何建立预警机制请参见下一节。

第三节　家中即便有“粮”，心中也要存“慌”

请思考一个问题：有一款货品，其基本信息见表 6-2，第一周卖了 5 件，库房里还剩下 5 件，该货品的生命周期是一个月，此时需要补多少件货品？

表 6-2　某货品的基本信息

货号	小类	第一周销售 / 件	库存 / 件	库销比
×××××	×××	5	5	1

库房里还有 5 件，为什么现在要思考需要补多少货品呢？这是因为补货是需要一定的时间周期的，生产方往往是根据企业订货来生产货品，可能今天跟生产方提出补货需求，后天才能拿到货品，因此要提前预订货品。接下来分析一下，具体如何判断需要订多少货品。

如果根据第一周卖 5 件，则库房里剩下的 5 件还可以卖一周，但在实际中也许会多一些，也许会少一些。剩下两周的时间如果还是按照一周卖 5 件计算则需要进 10 件，实际中也许这 10 件在不到两周的时间就可以卖完，这时就会缺货，但是该货品生命周期就剩了几天的时间，完全可以去找其他的替代品；如果补多了，两周后没有卖完，就会造成库存，而库存会影响整个库房的设置量。当库房的滞销货品很多时，会直接影响新款的补进。所以，为了减少库存，同时不影响销售，一般进 10 件即可。

通过上面的问题可以发现，货品少补了容易造成无货可买，多补了又会造成库存，因此科学补货对店铺来说至关重要。

设置预警机制，把握补货时机

要想科学补货，需要对补货设计一个预警机制，将补货的工作流程化，化复杂为简单，简单的事情可复制，当可复制时就容易被店长等管理人员接受。

店铺里每一种款式的货品都有其销售记录，结合现货的一些数据列出一个表格，然后与上月的销售金额做对比。可以发现，很多款式几乎都是同时存在的，因为有一些品牌的生命周期会非常长，如男装的生命周期非常长，这时候对比上月的售罄率，可以找出目前库存的不足，发现哪些是影响销售的，哪些销售是可以的，哪些销售是不足的。

当知道现有的库存补量是多少时，才能及时地补单，最大化地完成店铺的销售。另外，没货是无法销售的，没有合适的货也不会有销售。不是货多货少的问题，而是货合适不合适的问题。现货中一定有畅销款、平销款、基础款，销量大的、利润大的就要快进快出，这时候的关键就是确定应该补多少货品，有了数据就能最大化地销售，支撑任务的完成。

现在还要分析货品售罄率，同时预测当月剩余时间可以完成多少销量，这时就能看出来哪些款式需要补货，哪些是需要马上补的，哪些是需要注意的。然后用不同颜色做一些预警，根据颜色就能马上知道是否需要补货，需要补的数量是多少；还有一些颜色表示要注意该货品的品量，做好提前准备。库存没了再去补单，往往可能已经让其他店铺抢走了，没有货可以补，因此很多货品要提前做预判，不能等到卖没了再去补货。

根据这个预警工具可以把货品分为三种情况：

第一种，货品不足的，要明白各个缺货货品需要补多少件。

第二种，不能再补货的要找到替代品。根据售罄率，有些货品如果再补货，等货到时货品的生命周期已经结束了，到最后只能成为库存，因此不宜补货。

第三种，为了达成目标，有些款式必须想尽一切办法销售。有些款式吞吐量很大，同时又是主推的，一定要想尽一切办法将其销售掉，而不能凭个人意愿想销售什么就销售什么。

从关键出发，让补货数量恰到好处

首先，找出"TOP10 款"，也就是销售最好的 10 款和销售最差的 10 款是什么，这个判断标准就是单品的售罄率。售罄率等于当期总销售额除以总采购额乘以 100%。影响售罄率的有两个因素：一个是折扣，另一个是件数。因为货品不可能都是原价卖出去的，一定有个销售折扣。例如，假如一件货品 100 元，不可能每件都是 100 元卖出去的。还有一个件数的售罄率，进了 100 件，销售了 87 件，这时售罄率就能达到 87%。售罄率越高，说明库存率越低。

其次，通过售罄率，可以把货品分为畅销款、平销款、基础款，还有非应季款，如表 6-3 所示。

表 6-3　某品牌服装店的销售情况统计

分类	货品	采购件数	销售件数	售罄率 /%	销售额占比 /%				价位带		
					平均	1 月	2 月	3 月	高	中	低
畅销款	A	4122	2803	68	19.7	64	24	12	459 件	1301 件	1043 件
	B	3460	1834	53	11.3	78	11	11	420 件	1106 件	308 件
畅销款	C	2901	2176	75	21.8	50	46	4	591 件	325 件	1260 件
	…	…	…	…	…	…	…	…	…	…	…

续表

分类	货品	采购件数	销售件数	售罄率 /%	销售额占比 /%				价位带		
					平均	1 月	2 月	3 月	高	中	低
平销款	Z	474	400	84							
	…	…	…	…	…	…	…	…	…	…	…

通过表 6-3，可以分析出，货品 A 在 1 月上货比例较大，中档价位的货品卖得多一些；货品 B 也集中在 1 月上货，中档价位的货品卖得多一些；货品 C 在 1 月、2 月上货，低档价位的货品卖得多一些。

货品 Z 的售罄率比较高，达到了 84%，比货品 A、货品 B、货品 C 都要高，但是还是把它放在了平销款中。这是因为它的采购件数要少很多，所以其售罄率不能作为参考。

在订货的时候，订货人员可以根据各个货品的售罄率来判断订货数量：首先能看到畅销货品的售罄率要高出平均的售罄率，订货的时候可以再稍微多订一点。对于畅销货品的低中档价位应该注意足够的深度，因为这些货品的销售量很大。

对门店来说，即使库房里还有货也不能高枕无忧，必须利用预警机制，做到提前清楚什么时候订货、订什么货、订多少货等，如此才能使销售不脱节，库存不积压。

第四节　人的“脑袋”是解决库存的根源

要想解决库存问题，除了在订货时选择正确的货品，员工在推销中也要做到推销正确的货品，以及和其他店铺通力合作，相互配合调货。因为有时候即使库存结构、订货比例合适，但只因导购在推销过程中选择错了主推产品，也会导致成交失败，库存积压。为此，就需要终端一线的导购做到看货知库存。

看货知库存

在实际中，有一些导购根本不清楚库房里货品的情况便去推销，最后往往是要成交时才发现库房里已经没有货了，本来该成交的单子失败了，如下面这个例子一样。

【情景再现】

王平是某门店的一名导购，有一天店里来了一位顾客，顾客表示喜欢样式简单的衣服，于是王平就给这位顾客推荐了店内主推的产品，并详细地向顾客介绍了产品。顾客表示很满意，于是王平便去库房给顾客拿货，结果在库房翻找了十几分钟后发现这款货品已经没有该顾客的尺码了。这时顾客在店内等了好久，内心已经十分焦虑了，当王平跟顾客解释说没有尺码时，顾客内心的火气一下子就上来了，于是生气地直接走出了门店，甚至想着再也不要来这家门店了。

看货知库存对导购来说是一门十分关键的技能。案例中的导购如果平时多多留意库存，在销售中就不会给顾客推荐已经没有货的货品，虽然推荐有货的货品不一定能够达成成交，但是推荐无货的货品一定无法达成成交。

要想解决这个问题，需要店长和导购多多关注货品的数据，即库销比。

库销比公式：

库存件数 ÷ 销售件数（周平均单天销售件数）= 库销比

表 6-4 是某店铺货品的信息，根据其库销比店长可以对补货情况有一个大致了解。

表 6-4　某店铺货品信息

货号	年份	季节	零售价	本期销售数量	销售折扣	库存数量	存货可销售天数	库销比
A	2017	冬	669	52	80.6%	503	67.7	2.3
B	2017	秋	429	45	77.4%	772	120.1	4.0
C	2016	冬	829	18	57.8%	455	176.9	5.9
D	2015	冬	739	17	46.3%	218	89.8	3.0
				132		1948	103.3	3.4

注：本期销售数量为最近一周的销售数量，库存数量为当前实际库存量。

根据表 6-4 可以得出如下信息：

货品 A 的库销比数据显示是 2.3，这是一款应季货，货量偏少，应予以补充；库销比控制在 4~5。

货品 B 的库销比数据显示是 4.0，说明这款货品可以销售一个月，货量较为合理，可以不做补充。

货品 C 的库销比数据显示是 5.9，说明货量偏多，考虑调出一部分，减少占用库房，应该为畅销货品空出最大空间。

货品 D 的库销比数据显示是 3，是 2015 年的货品，已经很旧了，销售能力一般，虽然库销比已经不高，但不建议补充，甚至可以调出，先以新货销售为主。

【小贴士】

（1）以上面数据为例，不考虑促销活动、店铺仓容多少、是否爆仓等条件，明显新货的销售比较好。

（2）新货的折扣高，利润高，旧货销售一般，说明店铺的旧货、低折扣货效率低，应该考虑调出到其他折扣渠道消化，如果低折扣货大量充斥店铺，有时会影响新货的销售，类似上面的正面案例往往可遇不可求，这就更需求保证这家店铺新货和高折扣货的库存。

（3）一家店的货品年份季节如果比较多，有时旧货会影响新货的销售，建议同一家店的货品季节不要多于 4 季。

很多门店已经意识到了看货知库存的重要性，于是他们都在做一件事，就是让一线导购记库存，每天还进行检查。记库存，货少了是可以实施的，货多了就不现实了。例如，对鞋子来说，不同的款式，不同的尺码，不同的颜色，货品类型多种多样，导购根本记不过来的。

不记也能做到看货知库存，这就需要在陈列上下功夫。把卖场的货品和内部库房的货品都按照系列陈列，库存内的货品再按照尺码大小顺序摆放，然后在货品的标签上做上导购能够看懂的相应编码，编码表示款式、颜色、尺码的库存情况，如此导购就可以根据这些编码对库房的情况一清二楚，销售中自然就会减少向顾客推荐无货货品的情况了。

实际中，有时候顾客看上一件无货货品，导购向顾客推荐其他同类型有货货品顾客不接受，表示可以等调货，但是门店往往调不来货，导致成交失败。那么，如何才能轻松调到货品呢？

轻松调到货品

有的店铺老是抱怨其他店不配合，去调货时常常各种搪塞，就是不给货；可是，其他店来自家店调货时又是各种为难，也不给货。店铺之间是竞争的关系，即使身处同一家公司，但是店铺之间的绩效是单独考核的。他家多了一份订单就会多一些业绩，相应地自家少一份订单就会少一些业绩。为此，同公司店铺之间往往互相不配合，甚至会给对方下绊子，调货自然难上加难。

为了达到自私的目的，首先必须无私。你给每个人的信用额度是不一样的，怎样才能让这个额度越来越高呢，那就需要及时去奉献，这时存的是你的信用额度。对你有好感了，在你有困难时对方才会愿意帮助你。店铺之间怎样才能存储信任感，形成店铺联盟口碑呢？

作为经理，可以把某区域里的两三家店建立一个店铺联盟，考核他们整体的售罄率，这时，因为考核的是这两三家的集体业绩，对方的业绩关系着自身的业绩，调货时大家也就会积极配合。

另外，为了存储信用度，也可以做一些两个店铺之间的感恩活动。比如A店铺的店长可以时常去B店铺表示感谢，并给导购们带上一些水果等，这时B店铺就会觉得A店铺看到了他们给予的帮助并记在心里了，下一次还会愿意帮助A店铺。时常进行类似的感恩活动，两个店铺之间的关系就会非常融洽，关系好了调货自然会十分轻松。

有时候不是没有解决办法，而是你没有转换你的“脑袋”，当你换个思路想问题时，很多问题就都自然而然迎刃而解了。清楚了门店的规划、销售、服务、团队、现货管理如何落地后，那么具体的细化落地方案怎么做呢？下一章将给出答案。

你还在只“谋”不“划”吗?
你还在只“创”不“新”吗?
你还在只“变”不“革”吗?
如果是，那你该换个“脑袋”了。

第七章
换个“脑袋”行落地，重塑零售企业核心竞争力

本书第二至六章围绕 NLP 教练技术展开，依次从谋、售、客、人、货五个方面阐述如何落地 NLP 教练技术；本章则从企业持续盈利模型的五大系统角度阐述企业要如何利用 NLP 教练技术进行有效落地。

本章以企业持续盈利模型为结构体系。该体系由五大落地系统（制导系统、程序系统、发动机系统、平衡系统、推力系统）和八大力（教练力、服务营销力、诊断规划力、执行力、监控力、评估力、团队力、促动力）构成，是经过了数家品牌公司落地项目成功检验的体系，其核心目标是保障实体零售企业在新经济时代持续盈利。

盈利永远是企业关键的一环，企业如果不盈利，就很难持续成长，所以我们把企业盈利作为唯一不变的目标。为便于理解，我们把零售企业持续盈利比喻成一架飞机，“这架飞机”要想高速平稳运行，必须具备这五套基本的运作系统（见图 7-1）。本章将围绕这五大系统讲解企业如何持续盈利。

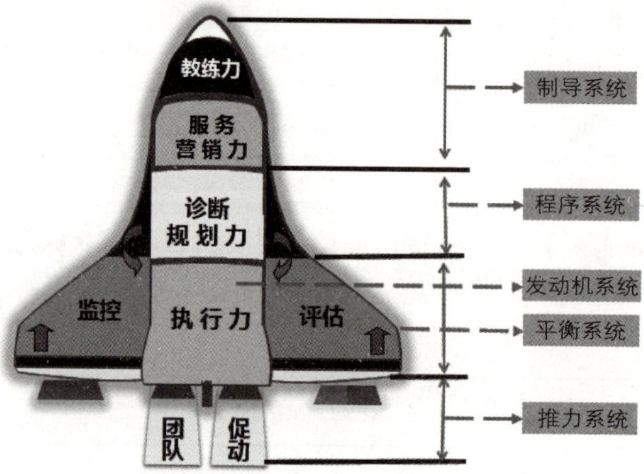

图 7-1　企业持续盈利飞机模型图

第一节　制导系统——发现问题，解决问题

制导系统是企业盈利的路线系统，它保障着盈利的方向和目标。在企业持续盈利模型中，我们把教练力和服务营销力归为该模型的制导系统，这两大“力”决定了企业在发展中的方向和目标，是实体零售变革的核心。

教练力，开启引导新思维

教练力，指新经济时代的企业管理者必须具备“教练”的能力。在实际运营过程中，我们会遇到各种各样的问题，当我们拿着过去的方式方法去管理现在的员工时，会发现很多方法已经失效了；当我们拿着寻找到的新方案、新方法、新工具去管理实体零售时，会发现依旧没有很好的效果。那我们到底应该怎么做呢？新时代的零售出路在哪里呢？

新时代的零售运营出路在 NLP 教练技术。

NLP 教练技术是一种沟通工具，而在实际运营管理中，管理的过程就等于沟通的过程，因此我们如何更好地进行沟通就显得尤为重要。沟通顺利，运营管理也会相应地顺畅起来。NLP 教练技术是透过现象看本质，它

解决的是根源问题，根源解决了，在实际落地过程中发现的很多问题自然而然就消失了，所以它是非常科学有效的沟通工具。

将 NLP 教练技术应用到实际运营管理过程中，可以达到预期结果。在落地过程中，我们发现，管理者通过应用 NLP 教练技术，员工更乐于接受管理，工作变得更加轻松，这就是 NLP 教练技术的沟通魅力所在。此外，NLP 教练技术的很多工具在实际运用管理中也取得了良好的效果，可参考如下的案例。

【实战案例】

笔者在给国内的一个品牌做连带落地项目时，曾到对方的终端巡店，不仅去看了标杆店铺，也看了非标杆店铺。在一个非标杆店铺里，店长曾这样向笔者说："我家店铺人不多，加上我一共三个人，另外两个人都很优秀。有一个员工每天、每周、每月都想得第一，如果不得第一他就很不开心，这样就会影响他的积极性。另一个员工也不甘示弱，也想多挣钱，不得第一他也不痛快。如果每次都是那个人第一，这个人不得第一，久而久之我怕对他内心造成打击。这该怎么办呢？"

就这一现象，笔者开始通过教练技术的方式引导他。首先，此处引导的方向很明确，就是引导他找到问题的根源以及解决的方法。方向性有了，接下来是策略性。于是，笔者向这个店长说："这个事情也是一种好的表现，但是现在你的注意力是不是更多地放在结果上呢？"

他说："是，我关注在结果上。"

此时笔者开始进行一种策略上的引导，让这个店长看到过程。笔者说："你关注到结果了，那可不可以从过程中找解决问题的答案呢？"

店长问："过程是指什么呢？"

"奖励销售最高者，是结果的奖励，是不是有些单一呢？过程重不重要呢？过程是不是可能比结果更重要呢？比如结婚是一种结果，恋爱的过程是不是大家更想要的呢？如果恋爱的过程是正确的，那结婚是自然而然的结果。结婚幸福感更高，还是恋爱的过程里幸福指数更高一些呢？”

这个店长想了想说：“恋爱的过程幸福指数更高一些。”接着问他为什么，他说：“人都喜欢恋爱，恋爱的时候感觉是世界上最幸福的，而结婚之后就开始过日子了，所以更喜欢恋爱的过程。”

“恋爱是过程，结婚是恋爱的结果，对不对？”他点点头。“那可不可以让他们关注到过程呢？让他们更多地享受到销售过程的乐趣，销售业绩的奖励可不可以奖励过程呢？”

这时候他有些明白了，说：“我们可以奖励过程。”

接着笔者又问他：“奖励过程可以奖励哪些呢？他们比较喜欢哪些呢？或者你认为哪些更合适呢？”他开始去思考。在这个案例中可以发现，这个店长的注意力更多地关注在结果上，而没有关注过程，于是笔者便有策略地引导他去关注过程。

经过思考，他说：“这样激励他们可不可以，在实际演练的过程中，演练次数最多的可以给奖励。”

“可以，但为什么要奖励演练呢？”

他说：“演练得越多，达成的效果可能会越好。”

“非常好，还有没有其他的呢？”

他说：“还可以奖励搭配。每天都让他们去搭配三套服装，往群里发的搭配图片最多的、大家觉得他的搭配最好的、一周里销售他的搭配套数最多、件数最多的，就可以颁给他一个搭配高手奖或者搭配能手奖。”

“当然可以，这是一个很好的过程，还有没有其他的呢？”在这样的引导下，他又说了很多他想到的激励方法。

想出了这么多新的方法，笔者就又问他：“你刚才说了这么多的奖励过程的方法，再加上奖励结果的销售最佳奖，是不是就有了多种奖励的方法呢？可能另一个人不是销售额最高的，但在过程中他也得到了认可，是不是也可以满足他的心理需求了呢？”

他说：“是的，已经满足了。”这时候他感觉自己思维上也有了很大的创新。

这种创新性的思维是通过一系列问话被引导出来的。在这个过程中，第一，方向性很明确；第二，通过策略性引导，发现对方心智模式，并引导其发现自己内在的动力和智慧，同时向外发展出一些可能性，这样逐渐解决了他的问题，得到了对方想要的结果。而这些解决问题的方法也是对方自己去思考出来的，因为引导的人可能并不知道他店铺更多的实际情况，只有他自己最了解，所以他想出来的答案才是最佳匹配。这就是 NLP 教练技术在实际管理过程中应用的案例。

服务营销力，构建核心竞争力

在当今经济环境下，很多企业在变革过程中是很迷茫的。它们找方向、设计新的盈利模式，试了很多方法之后也没有效果，损失了人力、物力、财力后更加迷茫。但是，对零售行业来说，变革是不可或缺的，零售行业颠覆是不可能的，但是需要变革。

企业未来的核心竞争力是什么？未来的突破方向在哪里？如何在市场上把企业持续运营下去，让它百年长青呢？这是很多企业一直在寻找的方向。企业成功背后的奥妙是什么？这需要透过现象看本质，看到企业成功的关键因素，然后借鉴并应用在另一个企业里，如此企业才能快速变革和发展。

实体零售未来的发展需要打造品牌的核心竞争力，而服务就是一种核心竞争力。作为实体零售，可以做到的是增加产品价值以及服务价值，形成新的核心竞争力。所以需要企业在变革过程中把服务营销力上升到品牌的战略层面去思考，这是企业未来核心竞争力的方向。

选择了服务作为企业核心竞争力的突破口，便要建立顾客忠诚度与顾客的关系管理。加强顾客的忠诚度，让顾客和企业的关系越来越好，企业的盈利性就会越来越好。

第一，用信任力与顾客建立忠诚关系。

顾客能不能对品牌在第一印象里产生信任是很重要的，这里的信任指顾客对产品和导购的接待服务产生信任。可以通过一些具体的策略让顾客对我们产生信任。例如，很多品牌的导购会给顾客多拿很多衣服，让顾客感觉到就是为了让她多买一些。而聪明的导购会告诉顾客：“这一套不适合您，您别拿了，拿那两套就可以了。”当顾客听到这句话之后，她会感觉这个导购是站在她的角度为她挑选的，会感觉非常舒服，往往会立即对导购产生信任，下次来还会愿意找这个导购，所以说信任能让顾客产生忠诚。

第二，用社会力与顾客建立忠诚关系。

顾客通过其与导购之间的情感能得到什么也会让顾客产生忠诚。例如，顾客跟某个导购非常熟悉，她就可以通过这个导购买到其他便宜的产品，导购给她省了钱，顾客会感觉非常开心。又如，有些顾客想办一件事情可是自己办不了，而另一个有能力帮助她的顾客跟这个导购关系也很好，这时候导购就可以在中间做桥梁，帮助有需求的顾客寻求那个能解决事情的顾客的帮助。解决之后，这个顾客会对导购产生信任，会有一个感恩的心态，这样忠诚度就提高了，这就是社会力。

第三，用特殊待遇力与顾客建立忠诚关系。

特殊待遇，即顾客来到店铺里，得到的是跟别人不一样的服务。曾经有一个女装品牌的 VIP 管理分得特别简单，只分为一次购物的顾客和多次购物的顾客。时间长了之后，那些来的次数比较多、消费能力也非常高的顾客得到的待遇同消费一般的顾客一样，他们就会感觉不舒服，因为他们的高消费并没有得到特殊待遇。这时候需要针对不同的顾客设计不同的接待方式，假如钻石卡会员是最顶尖级的会员，给该层次会员端的饮品要跟普通顾客不一样，让其感觉到这是高端顾客专属的饮品，即使顾客不喝也会感觉极其舒服，这就是特殊待遇，这样会使顾客产生更大的忠诚度。

纵观本节容易发现，制导系统是通过教练力，即一种心理学的沟通工具，找到未来实体零售的突破方向，也就是服务营销力。将这两者结合起来，就是制导系统。

第二节　程序系统——诊断问题，规划运营

程序系统是为实现预期目标而设计的一系列指令，它是目标的实现基础，是企业的规划力。

规划力，指企业为了达到具体的盈利目标，需要提前对事情进行规划。规划越完善，执行就越简单；而规划越简单，在执行的过程中一定会遇到各种困难，所以规划是非常关键的。规划的合理性也会决定我们能否达成结果，所以，程序系统最重要的是明白如何更好地规划、规划哪些部分。在规划之前，要先进行诊断，如此才能确保规划的科学性和合理性。

诊断力，发现问题、挑战与机会

诊断力是发现问题、分析问题和解决问题的突破口。进行数据化诊断，通过寻找相匹配的、合理的、精准的关键性数据诊断店铺，以此找到店铺业绩的突破口。

（1）销售数据诊断。

在终端，店铺进行数据分析时，常常会分析所有的数据，关于货品的、销售的、管理的，等等。然而在终端管理中需要着重分析的是销售数

据，尤其是关键性的销售数据。销售数据中需要分析的主要有 10 个指标，即进店量、成交率、连带率、平均单价、平均折扣、客单价、VIP 销售占比、坪效、人效、达标率或完成率。在实际销售数据过程中，不同层次的人要抓不同的数据，店长、督导应该看什么数据，区域经理、总监应该看哪些数据，职位不同，关注点也是不同的。这 10 个销售数据在管理过程中起到了巨大的作用，其具体的计算公式，如表 7-1 所示。

表 7-1　十大销售数据计算公式汇总

十大销售数据	计算公式
进店量	进店量 = 每个员工接待人数的和
成交率	成交率 = 成交人数 ÷ 进店量
连带率	连带率 = 销售件数 ÷ 成交人数
平均价格	平均单价 = 销售金额 ÷ 销售件数
平均折扣	平均折扣 = 销售金额 ÷ 吊牌金额
客单价	客单价 = 销售金额 ÷ 成交人数
VIP 销售占比	VIP 销售占比 =VIP 销售金额 ÷ 总的销售金额
坪效	坪效 = 销售金额 ÷ 场地面积
人效	人效 = 销售金额 ÷ 人数
达标率或完成率	达标率 = 销售金额 ÷ 任务额

（2）多店与单店数据分析。

脱离店铺运营的数据分析是没有意义的，应该根据数据中分析出的信息，对店铺进行诊断分析，如此才能使数据发挥价值。

一方面，可以根据统计的数据进行多店分析。将区域间的数据进行对比，对比分析同类型和不同类型的店铺，并结合达标率、成交率、连带率、客单价、VIP 销售占比、平均单价等，来了解每家店铺的特色，然后结合每一家店铺的情况对区域做评价。该区域绝大多数店铺的共同优势就是该区域的优势，该区域绝大多数店铺的共同劣势就是该区域的劣势。找出这些优劣势，接下来应该提升什么，着重抓什么，业绩提升的关键点是什么，就变得非常清晰了。

另一方面，可以根据统计的数据进行单店诊断。通过业绩公式，即业绩 = 进店量 × 成交率 × 连带率 × 平均单价 × 相对应的天数，来诊断店铺，了解店铺真实的情况。可以通过单店与区域均值对比，分析出店铺的特色。结合这些数据，根据每一个数值背后反映出来的问题，能更加准确地分析出店铺的实际情况。再结合店铺的真实情况，就能找到问题的根源，从而匹配出更加合理和科学的策略，来解决店铺的根源问题。

规划力，做“有头脑”的指挥员

任何事情的发展都需要规划，规划力能帮助我们做一个“有头脑”的指挥员。

了解了店铺现状，找到现状问题的根源，就需要规划相应的业绩提升的落地方案，即规划一套匹配的行动计划来提升业绩。这一套行动规划分四个流程：确定业绩提升的行动目标与指标值，匹配业绩提升的操作流程，匹配激励机制，监控与评估。做任何一种规划都离不开这四个流程。

（1）确定业绩提升的行动目标与指标值。

可以选择优势或劣势作为业绩提升目标。提升指标要做到以下三点：一是对销售数据进行统计；二是做一个区域数据的对比，对比之后找到店铺的优势或劣势；三是根据店铺的情况选择业绩目标。

具体选择优势还是选择劣势作为业绩目标，要根据员工的心理，并结合店铺的实际情况进行选择。大部分人对自己的优势比较有信心，因为是优势，一般情况下只要努力就可以做得特别好；相对来说对劣势就信心不足，因为是短板，做起来比较有挑战。所以，准备落地新的知识和流程的时候，一般要选择优势，因为当一个新内容出现时，大家都是比较抵触的，只有选择优势才能让员工更好地接受，提高员工的执行力。

在选择了优势和劣势后，要确定一个指标值。可以根据如下步骤计算出指标值：第一步，找出计算业绩的公式，即业绩 = 进店量 × 成交率 ×

连带率 × 平均单价 × 天数；第二步，找出店铺里同期相对应的业绩公式里的几个数值；第三步，计算出要具体提升的指标值。

（2）匹配业绩提升的操作流程。

确定业绩提升的行动目标后，为完成其指标值，需要匹配一套相应的业绩操作流程。先找出该行动目标中的关键技能，然后加以练习并做到极致。把这些内容连起来，就是操作流程。

假设业绩提升的行动目标是连带率，就要设计出相应的连带操作流程。根据交流时机，分试穿前、试穿中、成交时，就是试穿前的连带、试穿中的连带、成交时的连带。交流时包括两个板块，即话术和肢体语言。

试穿前、试穿中、成交时匹配的话术、肢体语言都是围绕连带进行的。所以导购做的任何事情都要与连带有关，并且着重进行连带。如果这一个月导购只练习连带操作流程，目标精确且集中，再匹配相应的动作，就可以完成店铺的连带指标值。关于这方面的内容本书第三章第三节已经详细论述过了，此处不予赘述。

（3）匹配激励机制。

匹配操作流程后，为了让员工积极地去执行，还需要匹配相应的激励机制。对此，有的管理者喜欢采用直接给员工钱的方式，殊不知，现在的员工跟以前的员工有很大的不同，他们根本没有那么在乎钱的多少，所以用钱激励根本难以带动他们执行的积极性。相比金钱激励，非金钱激励可能带来的效果会更好一些，关于非金钱激励具体的方式方法，本章第五节推力系统将着重讲解，此处不予赘述。

（4）监控与评估。

在实际中，一件事情前期工作做得十分到位，但是往往由于缺少监控与评估导致执行不下去，使前期所有的努力都枉费一番。这是因为，在做的过程中没有标准，不知道什么是好什么是不好，于是在执行中就会有人懈怠，导致执行不下去。

因此，做任何事情都要匹配相应的评估标准、监控流程，当监控和评估做好了，一件事情就容易达到我们想要的结果。关于这部分内容，本章第四节平衡系统将着重讲解。

纵观本节可以发现，店铺业绩提升的规划流程要把注意力从以前只关注结果，转移到关注过程上；从以前只要业绩，没有相匹配的一套流程，转移到现在具有一套完整的规划。当员工有了方向性和策略性，知道该做什么不该做什么，做到什么程度为好，大家就会一起实践和行动，这样就容易达成想要的目标，这就是程序系统的魅力。

第三节　发动系统——落地执行，精准执行

发动机系统指企业的执行力。我们每天都在喊执行，结果却总是执行不下去。这是因为，往往我们都是在喊口号，而在执行的过程中却是三天打鱼，两天晒网，有些甚至不了了之。目前各个企业最头疼的问题就是执行力问题，执行过程中为什么下属执行不到位？执行不到位的根源是什么？这需要从心理学的角度去深度剖析。将找到的这些根源，与一些方式方法相结合，执行力就会很快提高。

执行计划设计

为解决执行无力现象，店铺必须制订一个详细的执行计划，有了执行计划才能知道该做什么、不该做什么，才能分清事情的轻重缓急。在终端，大多门店一般都有年执行计划、月执行计划，但是往往没有周执行计划。殊不知周执行计划可以让店长更好地把控这一周的动作，知道这一周执行的力度、标准，以及达成什么样的目标。不仅可以清楚这一周遇到的困难有没有解决，还可以清楚下一周应该改进哪些方面，把上周没有完成的继续完成，所以以周为单位设计执行计划比较合理。

下面以连带为例设计周执行计划，如表 7-2 所示。

表 7-2　周执行计划内容

<table>
<tr><td>店铺名称</td><td colspan="2"></td><td>店长</td><td></td></tr>
<tr><td>店铺人数</td><td colspan="2"></td><td>店铺级别</td><td></td></tr>
<tr><td colspan="5">第一周　落地主题：连带操作流程训练</td></tr>
<tr><td>落地重点内容</td><td colspan="2">详细内容</td><td>评估加分项</td><td>评估减分项</td></tr>
<tr><td>本周目标</td><td colspan="2">行动目标：
行动指标值：</td><td></td><td></td></tr>
<tr><td>实施周期</td><td colspan="2">月　日——　月　日</td><td></td><td></td></tr>
<tr><td rowspan="3">落地的重点内容</td><td colspan="2">具体内容</td><td></td><td></td></tr>
<tr><td colspan="2">伙伴连带话术接受</td><td></td><td></td></tr>
<tr><td colspan="2">连带操作流程训练</td><td>制作了加 10 分
任务达标了加 30 分
履行职责每天加 10 分</td><td>没有制作减 10 分
任务没有达标减 30 分
没有履行职责减 20 分</td></tr>
<tr><td>落地人员</td><td colspan="2">全体人员</td><td></td><td></td></tr>
<tr><td>训练时间</td><td>淡场会</td><td>上午：
下午：</td><td>训练次数达标加 20 分</td><td>训练次数不达标减 20 分</td></tr>
<tr><td rowspan="3">分享</td><td>方式</td><td>时间</td><td rowspan="3">分享一次加 5 分
分享次数最多者加 10 分</td><td rowspan="3">无分享减 10 分</td></tr>
<tr><td>交接班会议</td><td>即时分享</td></tr>
<tr><td>微信</td><td></td></tr>
<tr><td rowspan="2">非金钱激励</td><td>非金钱惩罚</td><td>非金钱奖励</td><td>周积分最高者兑换任意一项奖励</td><td>周积分最低者接受非金钱惩罚</td></tr>
<tr><td></td><td></td><td></td><td></td></tr>
<tr><td>督进</td><td colspan="2">伙伴分享次数
伙伴训练次数
奖励分数是否填写
非正式组织责任人是否履行职责
非金钱奖励惩罚是否兑现
是否有弄虚作假行为</td><td>督进人每督进一次，被扣罚者分数给督进人加上</td><td>督进人如果不负责任，直接给予非金钱惩罚</td></tr>
</table>

需要注意的是，每周的侧重点不同，第一周要侧重员工接受过程，第二周要侧重训练的内容，第三周要侧重员工实际应用的过程，第四周要侧重实际销售的激励成果。

【实战案例】

下面对赛琪运动某店铺的周执行计划予以展示，如表 7-3 所示。

表 7-3　赛琪运动某店铺周执行计划表

<table>
<tr><th>落地重点内容</th><th colspan="3">详细内容</th></tr>
<tr><td>1. 本周目标</td><td colspan="3">1. 通过团队力增加伙伴的参与感、归属感、成就感
2. 通过团队力增加伙伴之间的感情，使之形成一个有力量的团队</td></tr>
<tr><td>2. 实施周期</td><td colspan="3">9 月 24 日—9 月 30 日</td></tr>
<tr><td rowspan="5">3. 落地重点内容</td><td colspan="2">具体内容</td><td>评估标准</td></tr>
<tr><td colspan="2">感恩墙</td><td>①分享的条数
②伙伴对感恩墙的分享</td></tr>
<tr><td colspan="2">每个人都是“琪”女郎</td><td>①试穿衣服的套数
②得到同事和顾客的点赞个数</td></tr>
<tr><td colspan="2">批评与自我批评</td><td>①伙伴当时接受的程度（A、B、C 三个等级）
②缺点的改正个数</td></tr>
<tr><td colspan="2">在卖场玩手机</td><td>决不能出现</td></tr>
<tr><td>4. 落地人员</td><td colspan="3">全体人员：×××、×××、××、×××</td></tr>
<tr><td>5. 落地时间</td><td>淡场会</td><td>上午：</td><td>下午：</td></tr>
<tr><td rowspan="3">6. 分享</td><td>方式</td><td>时间</td><td>内容</td></tr>
<tr><td>交接班会议</td><td>即时分享</td><td>总结前一天落地内容的结果</td></tr>
<tr><td>微信</td><td>21:30 左右</td><td>对一天工作的总结和感想</td></tr>
<tr><td rowspan="5">7. 非金钱激励</td><td>加分标准</td><td>非金钱奖励</td><td>非金钱惩罚</td></tr>
<tr><td>感恩一次加 10 分</td><td rowspan="4">积分前两名可分享水果和零食，或奖励 DIY 杯子一个</td><td rowspan="4">积分最后一名：二选一的惩罚
①跳绳 150 个
②刷马桶</td></tr>
<tr><td>微信分享加 15 分</td></tr>
<tr><td>玩手机减 15 分</td></tr>
<tr><td>试穿衣服加 10 分</td></tr>
</table>

续表

落地重点内容	详细内容	
	内容评估	评估标准
	①感恩条数 ②微信分享心得	①1条加10分 ②分享心得加15分
8. 督进	①试穿衣服的条数 ②得到的赞数	①试穿一套加10分 ②得一个赞加2分
	坚决不能在卖场出现玩手机的行为	出现一次减15分， 月累计5次劝退离职

其中，分享一项格外重要的工作，影响着整个周计划的执行程度。下面仍以赛琪运动为例，对其分享形式予以展示。

“通过这次会议的分享，我觉得我们金威队三人组，团队凝聚力增强了不少，尤其是在今天的盘点中，姐妹们都是抢着干，好些事情我不用多说，直接做好了，团队精神太强大了！我为我们的小团队点赞！”

“如果我们每天能怀着一颗感恩的心去工作，始终牢记要懂得感恩的道理，在工作中尽全力做好每件事，不计较得与失，不管我们做什么工作都要有一颗感恩的心，可以将每一次的机会作为一次新的开始和体验，就会收获你意想不到的结果，只有懂得感恩，学会感恩，工作中就会少一些指责，多一些理解。”

“启发：非金钱激励方案，可以激发每个同事增加连带率，并且还可以提升每个同事的业绩。感受：每个人都渴望得到别人的认可，因为得到了别人的认可和奖励，都会有所感动，感觉辛苦付出也是值得的，同时也会更加努力，取得更好的业绩！”

【工具箱——群分享规则】

下面根据赛琪运动的落地实践，对群分享规则予以示例。

分享目的：为了让大家更好地学习及更有效地贯彻执行，也为了让公司领导及老师这边更快地了解伙伴们的执行情况，以及为了能够及时给到大家支持，现对本群内伙伴做以下要求，望大家遵守及配合。

分享时间：每日营业结束。

分享地点：连带提升学习评比群。

分享对象：执行店铺店长及督导（有巡店就要分享）。

分享内容：

店长：日连带指标达成情况（模板：今日连带指标 xx，达成 xx，环比）；今日执行分享（说明：今日关于连带主题执行情况描述）；不足点改善（说明：针对今日执行项目中存在的问题进行简单描述及简写调整方案）。

督导：巡店过程中发现门店执行亮点及时在本群表扬共享。

群规：

1. 群内只分享连带相关内容（亮点、心得、成果、问题点），连带无关内容禁止分享；

2. 可分享区域及店铺优秀案例；

3. 群内每日分享可点赞及红包鼓励，但禁止发“谢谢”刷屏。

执行积分激励机制

有了执行计划，还应该匹配一些激励机制，激发员工执行的积极性。依旧以连带为例设计执行积分激励机制，如表 7–4 所示。

表 7–4　执行积分激励机制内容

积分内容	积分的具体内容	衡量的标准
连带操作训练伙伴接受程度	团队共创时的参与程度 对产出的内容感受是否深刻	团队共创参与度：每个人写一条加 5 分 内容认可度：对内容现场谈感受，每分享一次加 5 分

续表

积分内容	积分的具体内容	衡量的标准
连带训练	训练次数达标 搭配衣服是否在群里分享	训练量完成者加 10 分，没有完成者减 10 分 搭配衣服分享次数最高者加 10 分 搭配销量最高者加 80 分
连带分享	对训练的收获 每个连带单有没有分享	训练时分享收获者加 5 分 分享连带单，并描述过程者加 10 分
非金钱激励	兑现非金钱奖励与惩罚	获得第一者加 50 分 倒数第一者减 20 分
非正式组织	每个人是否认真履行职责	履行职责者加 8 分 没有履行职责者减 8 分 别人提醒并执行者加 3 分

积分激励机制是与本周的执行计划目标相匹配的，可以应用在各个方面，想解决什么问题，都可以考虑采用积分激励机制这种方式。

第四节　平衡系统——监控过程，评估过程

平衡系统可分为两大板块，即监控系统和评估系统。当执行走偏时，监控和评估是使之快速回到正轨的有效手段。在实际的执行过程中，存在一个普遍的现象：很多企业在执行的过程中没有监控和评估。做这件事情做到什么程度是对的呢？做到什么程度是好的呢？做到什么程度才能达标呢？对这些都没有去深入思考和完善，执行力就成为只有执行而没有“力”了。所以，监控和评估对于企业执行力的有效推进尤为关键。

监控力，不走歪道弯路

在实际的运营管理工作中，监控是管理者的重要职责之一。但是管理者往往都是一职多责，有很多的事情要做，忙起来的时候往往容易忽略自己的监控职责，这时就容易出现监控缺失的现象，所以就需要设立一个监控岗位，而且这个岗位需要专人专责。

监控岗位选人的标准是什么呢？在店铺里有些人特别爱操心，特别爱管闲事，这种人就是最好的人选。确定这样的人选之后，要注意让大家不要反感他，要尽力去协助，因为他的监控是为了让店铺变得更好，让员工

赚的钱更多。把这个前提条件介绍清楚，监控才会越做越顺畅，监控的作用才能更好地发挥，同时减少人与人之间不必要的隔膜、不必要的摩擦。

（1）监控的任务内容。

监控的原则是公平、公正。如果在监督的过程中没有达到公平公正，容易引起别人的反感，影响工作的正常进行。那每日和每周监控的任务内容是什么呢？可以参见表 7–5 和表 7–6。

表 7–5　每日的监控任务内容

督进	任务内容
	1. 督进学委（　　）按时训练的工作
	2. 督进学委对每个人训练次数的记录工作，晚上 10 点下班后进行微信汇报
	3. 督进（　　）感恩墙统计的工作，每天晚上 10 点下班后进行微信汇报
	4. 督进（　　）日常工作达标，每天交接班进行检查 1 次
	5. 督进文艺委员（　　）店铺氛围带动工作，每天 3 次，每天晚上 10 点进行微信汇报

表 7–6　每周的监控任务内容

督进	内容评估
	1. 对每个岗位负责人，每天工作进行提醒 1 次
	2. 对每个岗位负责人每天晚上 10 点汇报情况，进行统计工作
	3. 每周一对上一周情况进行汇报与总结

以上就是监控的内容，各个店铺可以参照表格，并依据自己店铺的实际情况去制定职责内容。监控人员每天都将工作做到位，那也就意味着其他人员将自己的工作做到位了，店铺的业绩就会越来越好。

（2）监控反馈机制。

监控的反馈机制流程，如图 7–2 所示。

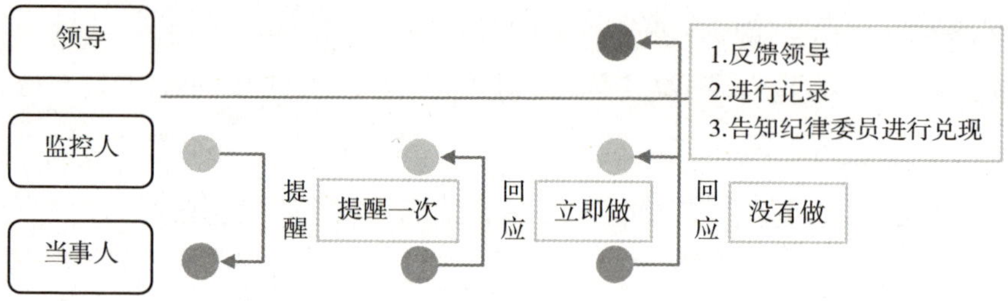

图 7-2　反馈机制流程图

从图 7-2 中可知，最上层是领导人，中间是监督人，最后是当事人。每一天，监督人员要对当事人做一次提醒，提醒当事人今天的工作内容及要求。无论当事人是否做了或者做得怎样，监控人在这一天结束时都要对领导反馈，领导人可以是直接的正式组织的领导人，也可以是非正式组织中推荐出来的领导人。监督人员向领导人反馈问题并进行相关的记录，最后告知纪律委员奖惩。通过图 7-2，每个人都知道该干什么，怎么去干，简单的反馈机制也就建成了。

（3）修正机制。

修正机制是对现有的或原有的一些流程的修正。

修正原则为对事不对人。在店铺里面，无论出现任何问题都是对事而言，而不是对个人有意见。

修正方式为团队共创。让大家分析流程中哪些地方比较好，哪些地方不太合理，让每个人都参与，最后得出的结果大家也都满意。

修正周期为周升级。在店铺中不要随时发现问题就随时改正，如果随时发现随时改正流程就会特别乱，因为人接受一件事情是需要一个阶段的，所以我们可以一周做一个小修正，一个月做一个中修正，一个季度做一个大修正。这样做就减少了一些不必要的麻烦。

评估力，让每一个人快速成长

在运营管理过程中，很多管理者以结果衡量一个人的好坏，其实这样对大家是不公平的。每个人的优势和劣势都不一样，在店铺里虽然大家以业绩为重，但是其他人的配合也是非常关键的，五个手指尚且不一样长，各有优缺点，那凭什么让每个人的业绩都是最高的呢？我们应该让每个人配合起来发挥各自的优点，让店铺创造奇迹。只以结果衡量人，形式比较单一，并不合理。

如果只重视结果而忽视过程，往往得不到我们想要的结果，因为只有正确的过程才会有正确的结果。就像《我要的只是葫芦》一文中，种葫芦的人只要葫芦，而不管叶子长虫子，别人告诉他有虫子应该消灭虫子，他说我要的只是葫芦，那最终结果只能是得不到，因为他忽视了葫芦结成的过程。所以在评估时，要注意过程的评估，正确把控过程，结果自然而然也就有了。

评估包括过程评估和结果评估，但是往往在实际的工作里更多地强调结果评估，而忽视了过程评估，在这里我们强调，过程评估之后才是结果评估。

过程评估又分为工作评估、训练过程评估和服务流程评估。

（1）工作评估。做一件事情的具体评估，对事情过程中的好坏做评估，然后对整体工作内容进行评估，这样才能对自己所做的事情有一个清晰的把控。

（2）训练过程评估。引流训练流程、连带训练流程、成交率训练流程、高件单价训练流程和VIP贡献率操作流程等，都需要有相对应的评估，评估主要是评估训练过程有没有达标，训练多少为好，做到什么程度才是合格，这就是对过程内容进行评估。当把这个过程抓好了、抓对了，就容易达到我们想要的效果。所以操作流程的评估非常重要。

（3）服务流程评估。当顾客进店后，我们为顾客提供什么样的服务，在这个过程中要做哪些关键服务才是正确的，服务的舒服程度如何，服务的过程顾客给我们打多少分，对这些过程也要做一个评估，有了这个过程评估，我们才能达到想要的目标。

工作内容的评估原则是公平公正，对事不对人。越公平公正，评估越准确，说得越客观，才能帮助对方少走一些弯路，让对方更快地回到正确的道路上来。帮助别人去评估对方，也是让对方成长。可能当时对方不接受，经过一个阶段，他真正回过头来去回顾一下自己所走过的路，他就会感恩于你的。

在执行的过程中需要评估与监控，才能够保障我们没有偏离、顺利地执行下去，所以执行评估与监控非常重要。下面以连带为例进行阐述，如表 7-7 和表 7-8 所示。

表 7-7　连带周评估表

评估内容	评估具体内容	衡量标准
连带操作训练伙伴接受程度	视觉： 团队共创时的参与程度 对内容的认可程度 对共创结果的兴奋程度 听觉： 对内容的感受是否深刻 对内容的评价 自信心的表达	团队共创参与度： 1 分□ 2 分□ 3 分□ 4 分□ 5 分□ 6 分□ 7 分□ 8 分□ 9 分□ 10 分□ 内容认可度： 1 分□ 2 分□ 3 分□ 4 分□ 5 分□ 6 分□ 7 分□ 8 分□ 9 分□ 10 分□
连带训练	训练次数是否达标 搭配衣服是否在群里分享	达标者____人，没有达标者____人，训练达标率____，分享者____人，没有分享者____人，分享最高者____条
连带分享	对训练的收获 每个连带单有没有分享	连带单分享____条，上周分享____条，同比增长
非金钱激励	非金钱奖惩机制	1. 对奖励的接受程度： 1 分□ 2 分□ 3 分□ 4 分□ 5 分□ 6 分□ 7 分□ 8 分□ 9 分□ 10 分□ 2. 对惩罚的接受程度 1 分□ 2 分□ 3 分□ 4 分□ 5 分□ 6 分□ 7 分□ 8 分□ 9 分□ 10 分□
非正式组织	每个人是否认真履行职责	认真履行职责者：____人 没有认真履行者：____人

表 7-8　连带周监控表

监控内容	监控具体内容	衡量标准
连带操作宣导	按照团队共创流程实施	是□　　否□
连带训练	训练次数是否达标 搭配衣服是否在群里分享	达标□　　没有达标□ 分享□　　没有分享□
连带分享	对训练的收获 每个连带单有没有分享	分享□　　没有分享□ 分享□　　没有分享□
非金钱激励	非金钱奖惩机制	兑现□　　没有兑现□
非正式组织	每个人是否认真履行职责	履行□　　没有履行□

本节从三方面来应对执行力不足问题，即执行计划、执行积分激励机制、执行评估与监控。最后笔者强调，执行力是企业内在的发动机，是结果达成的关键环节，必须从这三方面来把控好执行力。

第五节　推力系统——管好人心，团队自强

整个盈利系统快速前进，离不开推力系统。推力系统包括两方面内容，即团队力和促动力。在执行的过程中，团队常常不能发挥其应有的作用，这是因为团队的心不在一起，没有向心力和凝聚力。

团队力，让员工的心在一起

团队力，即团队的凝聚力。有的团队凝聚力很好，有的却不是很好，这与店长的个人魅力有关系。店长人缘好，所有员工都去拥护他，这个店铺的凝聚力就会特别强。当店铺凝聚力强，员工稳定的时候，店铺的业绩就稳定了；当店长与合作伙伴的心不在一起，店铺的业绩也不会好。要想执行好一套系统，团队力是前提条件。所以在整个系统落地的过程中，首先要打造店铺的凝聚力，把团队凝聚力提升起来，接下来再做任何事情都将是水到渠成。

增强团队力的一些方法，如表 7-9 所示。

表 7-9　增强团队力的方法

方法	解决的现象	操作流程
团队共创	1. 有些员工在店铺里没有参与感 2. 有些员工不爱思考 3. 有些员工有好的想法但是不说 4. 员工的工作难以达成统一	1. 确定主题 2. 确定想要达成的目标 3. 头脑风暴 4. 筛选
非正式组织	1. 有些员工在店铺里没有归属感 2. 有些员工做事不主动，很懒散 3. 有些员工在淡场总是聊天 4. 有些员工什么事都让店长做	1. 定组织名称 2. 定职位 3. 定职责 4. 定纪律 5. 定底线 6. 定承诺 7. 做分享
幸福导航图	1. 有些员工总抱怨任务多 2. 有些员工总感觉钱不够花 3. 有些员工找不到自己工作的初心 4. 有些员工很懒散，在店铺里混日子 5. 有些员工对赚钱没有动力	1. 宣导 2. 每人一张便签纸 3. 写一个月所有的开销 4. 计算销售额逆推 5. 谈感受 6. 写幸福导航图并张贴 7. 做分享
批评与自我批评	1. 有些店长和员工之间存在隔阂 2. 有些员工之间有摩擦，无法真诚相待 3. 有些员工看不到自己的不足 4. 有些员工明知自身的缺点，就是不改	1. 宣导 2. 大家围成一个圈 3. 自我批评 4. 批评每一个人 5. 做分享 6. 给每个人一个能量加持
感恩墙	1. 有些员工只能看到对方的缺点 2. 有些员工之间缺少内心情感的交流 3. 有些员工对别人的付出认为是应该的 4. 有些员工做事情总是得不到认可	1. 找一个显眼的位置张贴 2. 写感恩语给别人 3. 由对方贴到感恩墙上 4. 每天 / 周收集一次 5. 制作感恩纪念册

团队共创可以让员工积极参与，充分发挥员工的智慧，详细内容可参见本书第五章第四节；非正式组织可以满足每个成员的需求，加强成员的沟通，增强组织凝聚力，详细内容可参见本书第五章第四节；幸福导航图可以转移员工注意力，让每个员工都充满干劲，详细内容可参见本书第三章第二节；批评与自我批评可以化解员工之间存在的矛盾，增强团队凝聚力，详细内容可参见本书第五章第二节；感恩墙可以增强团队凝聚力，激

励人与人之间的付出，详细内容可参见本书第五章第二节。用好这些方法可以快速有效地提升团队凝聚力，为企业盈利提供源源不断的推动力。

促动力，给员工最想要的激励

推力系统中的另一个外在推动力是促动力，这里指的是人员的激励机制。很多企业还在采用很久之前的激励制度，那些过时的制度不仅解决不了目前员工的需求，还惹得员工抱怨连连，在实际中出现了很多问题。

（1）员工嫌工资低，或者提成少。

人力资源部根据市场上其他竞争品牌的标准，提高了工资，同时增加了一些提成。却发现，员工的工资增加了，但是业绩并没有提高，甚至有下降。这说明加薪并不是提高业绩的唯一办法，即使员工一个月的工资底薪从三千元直接上升到五千元，他的业绩照样完不成。

（2）公司对员工的激励制度长期不更换，员工对这些内容渐渐地不太感兴趣了。

例如，现在使用最多的连带激励奖，有的是连带达到多少，就以奖金的形式发放；有的是连带配合奖，主销连带奖励多少，辅推的人连带提成多少，按比例分配；也有的是连带一件给多少钱，连带三件、四件给多少钱，连带越多给的奖励越多。为了便于统一管理，很多公司都把连带的提成连同工资一起发放，所以员工不能清楚地了解连带激励对自己销售增长的作用和个人收入的影响，时间久了，员工就对这种激励慢慢失去了兴趣，也就不再力争提升销售额了。

（3）公司的激励制度比较单一。

有很多公司都是底薪加提成，这种奖励制度相对来说比较单一，触动不了员工内心对奖励的欲望，久而久之让员工产生了疲态。

（4）很多公司设有“罚多奖少”制度。

奖的内容可能非常少，罚的事情却很多，迟到罚 5 元，玩手机罚 10 元，等等。员工对罚钱大多都有抵触的情绪。虽然罚钱是为了让他往好的方向去发展，但事实上只会产生相反的结果。有的店铺以前有员工迟到罚钱的机制，迟到一次罚10元，迟到第二次罚15元，依次往上推，员工就会感觉非常气愤，甚至可能直接说我要迟到500元的，这时管理者就十分尴尬，却没有办法。这就说明罚钱不能解决根本性的问题。

为解决这些问题，必须透过现象看本质，利用NLP教练技术找到问题背后的根源。

（1）旧有的激励形式跟不上时代的发展，通俗来说就是激励制度应该升级了。

如果不了解现在年轻人的心理，而拿过去的激励形式激励他们，往往会失灵。例如，企业认为员工非常爱钱，就在激励、比拼的过程中去砸钱，员工起初感觉很开心，会不断努力，而一旦认为自己的业绩达标不了，很难超过其他店铺，就会自动放弃，认为反正努力半天也不如人家，就算了吧，再激励也没有用。所以旧有的制度对现在的年轻人有些不太匹配，用金钱激励他们并不能产生很好的效果。

（2）员工对激励的认识单一。

管理者听到最多的反馈就是员工嫌工资低、提成少，这都是钱的方面，但他们却没有真正地认识到背后的一些动机是什么。

（3）很多店长完全依赖于公司去激励。

公司给一些激励就做，公司没有激励自己也不会有激励的想法。公司激励都是大范围的，而每家店铺的状态不一样，实际情况也有些差别，所以我们不能把公司的激励放在所有的店铺上一概而论。激励还得靠每个店铺的基层管理人员，即店长，依据店铺的实际情况制定激励机制，让员工发自内心地动起来。

因此，只有设置合理的激励机制，促动力才能发挥真正的作用，而具体选用哪些具体的激励制度，需要门店结合自身实际情况，选择员工能够发自内心接受的激励方式，如此才能取得理想的效果。

纵观本章，企业持续盈利模型的五大系统分别起着不同的作用，它们互相影响，缺一不可。其中，制导系统开启新思维，整合客户资源，构建实体零售新模式；程序系统聚焦业绩核心，承接变革模式，构建行为规划流程；发动机系统经营员工价值，升级内在动力程序，提高内在效能；平衡系统启动纠偏模式，保障变革轨迹的正确方向；推力系统创新外在动力系统，加速变革效率。根据这五大系统运作落地，是实体零售企业在新经济时代持续盈利的保障。

你还在用过去的经验管理店铺吗？
你还在将表象作为问题的根源吗？
你还在纠结如何成为卓越督导吗？
如果是，那你该换个“脑袋”了。

第八章
用 NLP 教练技术铸就新型管理者

第一节　你的零售管理模式已经落伍了

为什么说现在很多管理者的管理模式已经落伍了呢？一是他们还在重复旧有的行为，二是他们的思维没有随着时代的发展而变化，这就造成了他们的管理失灵，起不到以往好的效果了。

重复旧有的行为得到的一定是旧有的结果

面对日新月异的零售行业，很多管理者却还在采用旧有的管理模式，这就出现了各种各样的问题，具体表现如下。

（1）任务成为压在员工心上的一座大山。

目前，无论是零售行业中的基层导购、店长，还是中层督导、主管、经理，大家的一致感觉就是任务压力大。有如下现象：公司开例会时往往会把所有的店长都召集起来，然后领导逐一通知店长其门店下个月的任务额并问他们是否有信心，很多店长觉得这个任务是很有压力的，甚至觉得是根本完成不了的，但他们却对领导说有信心，因为他们只是把这个当成了一个口号，内心真实的想法往往是“反正都完成不了，不如说说领导想听的”。

还有一种情况是，有的勇敢的店长会如实向领导反馈任务的不合理性，诸如任务与客流量严重不相匹配、门店新人多等问题。当领导觉得这些理由属于合理范畴时往往会将任务重新调整，但是如果这个任务是更高一级的领导制订的，是不能调整的“死”任务，督导和主管无权去更改时，有的领导就会说：“我不管是黑猫还是白猫，抓住耗子的就是好猫，怎么完成那是你们的事。我不管你们用什么方法，我只要结果。”他们只给出高标准的销售任务，却给不了相应的行动方案，基层的员工能感到的只是巨大的压力。

（2）学习、学习、学习，可业绩还是提不上。

有些企业为了达到业绩增长，聘请了很多咨询公司做改进。这些咨询公司主要有两类：一类咨询公司不管每个企业的特殊性，直接给企业很多资料。结果企业投了很多钱，可企业的组织架构与咨询公司给的资料不匹配，最后什么也做不了。另一类咨询公司会带着企业做落地。项目在进行的过程中，员工也在执行，看似一切都进行得很顺利，可是当咨询公司一撤出，落地工作就难以为继，最后不了了之。这是因为咨询公司没有结合企业的现状给企业量身订做其需要的项目，设计的提升方案并不能解决企业目前存在的实质性问题。

咨询公司过去的方式方法已经解决不了目前经济下的企业难题了，难以达到想要的结果。另外，有些企业才进行了两天的培训工作，就期望员工可以达到立马行动、解决问题的结果，这也是不切实际的。

（3）促销的效果由好转为坏。

现在企业高层更能感受到，促销活动的效果越来越不明显，甚至会对企业产生不好的影响。赠送礼品、大折扣促销，看似营业额在迅速提升，其实更多的是“赔钱赚吆喝”。另外，商场的顾客大多是经常消费的老顾客，总是做活动固然可以吸引消费者注意力，但是当顾客看上不打折的商品时，他们往往会等到有活动的时候再进行购买，促销活动反而影响了正价货品的正常销售。

现在消费者的需求在改变，消费者的心理也在改变，以往的促销策略已经不灵了。同时，促销是一把双刃剑。用好了，对品牌的推广有一种很好的推波助澜的作用；用不好，对品牌来说就是一种自杀行为。目前，商场上大部分企业都在用自杀式促销方式来解决业绩问题，促销效果越来越不好。

（4）员工管理失灵。

对很多70后的管理者来说，他们不理解90后的员工，觉得90后特别不听话，特别难管理。例如，70后管理者不理解90后的员工为什么可以因为自已养的猫死了而需要休息几天，甚至可以为此说出要请丧假这种话，即使向他表明了公司近期十分缺人手，他也要坚持请假。

90后的思想和行为与70后有明显的差异。90后很直白，他们追求自由、快乐、个性，想干什么就干什么，想说什么就说什么，不会有太多考量；而70后则比较委婉，更注重集体、自律，做事情、说话会考虑到方方面面。所以以70后的价值观来评判90后明显是行不通的，以70后的管理方式来管理90后得到的结果也是不理想的。

重复旧有的行为得到的一定是旧有的结果，要想得到正确的结果，解决现在的问题，那么必须要在行为上做出改变。所以，作为一个卓越的管理者，一个与时俱进的管理者，我们必须要抛弃旧有的一些经验，敞开心扉，与时俱进，学习更多的新知识，钻研更多当下人的心理，这样才能帮助我们透过现象看本质，将问题解决得更彻底一些。

思维不变，结果不变

行为受思维的影响。因此，思维不变，结果不变。

想要得到一个好的结果，必须要有正确的行为，而正确的行为受思维的影响，所以思维直接影响着结果的好坏。

比如说，如何才能得到五百万呢？每个人的答案不尽相同，诸如做梦、买彩票、嫁个有钱的老公、学做生意等，这些不同的答案代表着不同的思维模式。下面我们通过相应的行为对这几个答案逐一进行分析。

做梦，匹配的行为就是睡觉，梦不是现实，睡醒之后依旧是什么也没有，因此通过做梦得到五百万的机会是非常渺茫的；买彩票，匹配的行为就是定下彩票号码然后去买，可是中奖的概率是非常低的，即使投入很多精力和金钱也不一定能中到五百万，因此通过这一方式也是很难实现的；嫁个有钱的老公，匹配这一思维的行为就是找，有钱人在哪里，他们有什么爱好，如何制造一个偶遇等，但是即使找到了要使之成为老公也是非常困难的；学做生意，相应的行动就是去思考做什么生意，为了做生意需要具备什么能力，需要学习什么，思考差不多的时候就去做，可能一开始只是保本，后来挣到了一万、五万、十万……要想挣到五百万可能需要的时间比较长，但是是可以实现的，甚至可以挣到一千万、一亿。所以，想法和行为会直接决定结果是什么样的。同样是挣到五百万，可不同的人呈现的方式是不一样的。所以我们想得到正确的结果，必须要有一个正确的行为和思维。如果思维不变，那么结果也不会变。

第二节　新零售时代管理者都是这样做事的

新零售时代，门店面对的员工已经不是十年前的员工了，新一代的零售员工有着不同以往的行为习惯，因此如何与这些员工顺畅沟通，成为一个优秀管理者必须学会的内容。

宣导大于命令与传达

在运营管理过程中，公司经常会制定一些新的促销活动、制度和方向，这时候就需要各个店长到公司中去开会，让他们知道公司在做什么，店长学习完之后就会回到店铺中把公司想要大家做的原原本本地告诉大家，这个过程就是传达。

传达取得的效果并不是很好。因为有些事情需要传达，有些是需要找出一些具体的方式方法让大家执行的。例如，店长们在公司的会上达成共识，要在淡场的时候给 VIP 打电话。回来后，店长就如实把会议精神传达给了员工，员工内心的想法各不一样。有的人打电话的效果不错，对他来说没有什么困难，也就没有什么意见；有的人找了很多借口，对这件事很抗拒，并表示了不满；有的人什么也不说，也不去执行。在传达的过程中，有人接受有人不接受，对于不接受的人店长也没有更多的方式方法对其进行引导，因此在执行中就会大打折扣，效果不理想之后就会不了了之。如果有领导在巡店中发现员工执行不佳，这时店长就会把员工的抱怨情绪传达给领导。所以，店长在这过程中发挥的只有传达能力，而并没有发挥出他真正的作用。

命令。例如，在淡场的时候有很多店长会让员工演练销售七步曲、八步曲，很多员工对演练会有一些牢骚，常常说“练什么练，练了半天也卖不出货，还不如让我去卖货呢”之类的话。这时候有些店长就开始发威了，说：“你们必须演练，这是公司的规定，在淡场的时候必须做销售技巧的演练，这是大家必须做好的。”这时候店长在以一种命令的口气与员工进行交流，而命令有种强迫的感觉，这会让人反感，所以最后取得的效果也不是很好。

相比传达与命令，宣导取得的效果往往不错。宣导就是管理者经过大脑去思考，把公司让做的事情宣讲给下属人员。如果员工发自内心地接受，认为这件事情对他有利，他就会主动去做；如果员工认为这件事没有什么帮助，完全是在浪费时间，那他就没有意愿去做。员工做事情的意愿程度决定了执行效果，而宣导可以很好地加强员工的意愿程度。宣导是一种工具，就是告诉大家做这件事情带来的好处有哪些，不做这个事情带来的损失或痛苦有哪些。例如，如果用传达或命令的方式让店铺的员工去提高连带率，往往很多人会在内心产生反感；而如果用宣导的方式，员工们聚在一起你一言我一语地交流连带的好处和不做连带的坏处，可以让大家清楚地了解做连带的必要性，提升执行的效果。

优秀管理者的四大能力

优秀管理者拥有教练的四大能力，即聆听、区分、发问、回应，如图 8-1 所示。

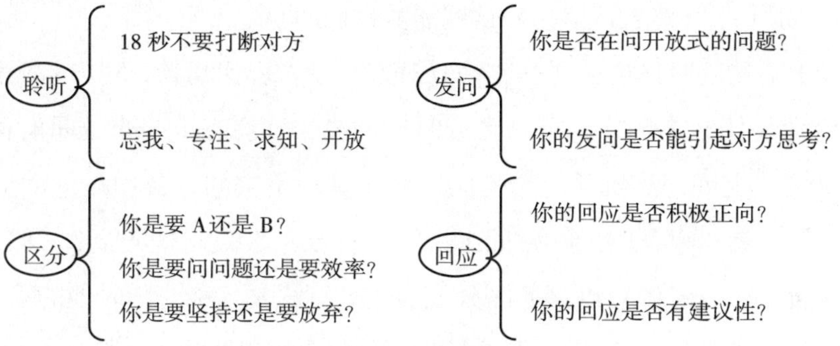

图 8-1　优秀管理者的四大能力

聆听不是普通的听，而是指用心地去听，用内在去感知对方想表达的意思，要听的是弦外之音，是背后的意思。聆听时，还要区分对方究竟想表达什么意思，他的表达是否清楚，是否深刻，一层一层往下区分，直到真正听懂了。区分时，为了确定理解的内容与对方所想表达的内容是否一致，需要用发问的方式来确认。发问的过程中还需要进行良性回应，如果对方从回应中感觉到有敌意或不舒服，那沟通也就难以继续下去了，或者沟通可能会进入恶性循环。

四大能力会形成一个闭循环，聆听、区分、发问、回应，不断地循环，直到找到对方的问题根源，有了根源自然而然可以引导对方找到其需要的答案。所以 NLP 教练技术的四大能力也被称为基本能力，这四大能力在实际沟通的过程中是分不开的，能帮助管理者有效解决各种各样的问题。

在运用这四大能力时，需要注意以下三点：

（1）实际中，常常有不用心去听的人，他们往往只听了表象意思，便自认为已经知道对方想要什么了。NLP 教练技术里有一个“禁止价值观套用”的原则。“价值观套用”就是把自己认为的事情强加在或者套在别人的身上。世界上没有完全相同的两片叶子，也没有完全一样的两件事。任何事情的发生，时间、地点、人物不同，结果也是不一样的，只能说类似。当别人在表达时，看似我们理解了，其实往往理解得并不对，我们更多的是猜测。所以在沟通的过程中要切忌猜测别人，也就是“禁止价值观套用”，别人未必能表达清楚，这就需要我们用心地去听。

（2）听的同时还要去区分，区分对方有没有表达清楚，对方想表达的意思究竟是什么。例如，可以区分时间，过去、现在、未来这是时间线；还可以区分空间，店铺是一个空间，生活是一个空间，公司是一个空间。所以，管理者可以从时间和空间上去区分对方表达的究竟是什么。假如他是表达过去，这时候可以试着区分他表达的意思是什么，同时他的答案应该在哪里，当区分不出的时候，管理者就可以直接利用发问的形式，让他说出他想表达的意思。接下来就可以问一些正确的问题，让他去思考。如果他总是在表达过去，管理者就可以问他想要的结果究竟是什么，把他引导到他想要的结果上，这样就进入到结果阶段了。进入到结果阶段，他就会想到自己应该做什么了。这就是通过区分以及正确的发问给他正确的回应。

（3）回应的关键一点是不要反驳，要尊重对方，无论他说的观点是对的还是错的，都要尊重他，认同他，对他所说的事情表示理解。接下来可以一边回应他，一边问他下一个问题，通过聆听过程来表示认同，这样在问他问题时不会产生矛盾，就能够形成不断地聆听、区分、发问、回应的闭循环，得到想要的结果。优秀的管理者不仅能够利用好这四大能力，还能顺利避开其中的误区，做员工最好的教练。

优秀管理者选择“去干扰，提业绩”

NLP 教练技术的作用可以用一个公式来表示，即 $P = p - i$。其中，P 代表表现；p 代表潜能；i 代表干扰。

表现是我们想要的结果。干扰是指在实际工作中我们常常会遇到各种各样的阻碍。干扰越小，得到的结果就越接近我们想要的；干扰越大，得到的结果往往不是很理想。潜能是我们的本能、能力可以达到的，解决障碍的能力会直接影响结果的达成程度。这就是表现等于潜能减去干扰。

通过这个公式可以最直接地感受到，所有的工作其实就是减少干扰。

在实际的管理过程中也是要减少干扰。例如，业绩是结果，是表现，每个岗位的每个人都是有潜能的，减去了竞争对手的干扰、内心的干扰、身边各种各样的干扰，把干扰化解到最小，就能最大限度地提升业绩。而帮助我们减少干扰的方法就是 NLP 思考层级工具，它是优秀管理者经常使用的工具，下一节将详细介绍这一工具。

第三节　NLP 思考层级工具造就卓越管理者

某著名鞋企分区域都会设置一个大店长，这个大店长相当于督导的角色，大约管理着七八家店铺，店铺一般分布在相邻的四五个县城里。某区域的大店长由于个人原因离职了，该鞋企就从这七八家店铺中挑选出了一个相对来说在各方面都比较合适的店长，把他提升为大店长。

为了了解其他店铺的情况，新大店长就去巡店了。巡店中这个新大店长发现了很多的问题，就用命令或者传达的方式向其他店长指了出来。本来其他店长就很不服气这个店长升职为大店长，现在新大店长又各种挑毛病，这惹得其他店长的反抗情绪高涨，甚至有的人直接说：“你自己的店铺也是问题一大堆，你自己都管不好，有什么资格在我们的店铺里指手画脚的？”

同样的情况在导购升职为店长时也常常会出现。如果某店铺的店长离职，公司将店铺中的一名优秀导购提升为店长，那么其他店员就会对新店长各种不服，新店长下达的命令也无人响应。大家或许对新店长的销售技巧是比较服气的，但是对他的管理能力是完全不服气的，这就造成无人执行新店长的安排。新店长在店铺里受到各种委屈，最后离职了。所以，这样不但没有起到好的作用，反而使店铺里的销售高手流失掉了。

我们可以从如下两方面分析上述案例的根源。

一方面，从人的内心、情感方面去分析，为什么其他店长不服大店长呢？其实就是新大店长让其他店长产生了一种压迫感。俗话说，“哪里有压迫，哪里就有反抗”。本来店长就不认可大店长的能力，大店长还在巡店中挑出店长一大堆的毛病，再加上命令式管理、压迫式管理，这让店长的内心十分不舒服，他们的反抗情绪就出来了。也就是说，大店长在与店长沟通中的语言、语气语调、方式等，让店长产生了由内心的不舒服带来的反抗。

另一方面，为什么大店长会有这么一种心态呢？为什么大店长会以一种命令的口气去指导其他店铺呢？可能在还没有提升为大店长以前，大店长与其他店长的关系是非常好的，当上大店长后去管理其他店铺时他的官威就出来了，这背后的根源就是官本位思想。人都喜欢去当官，当官就是人潜意识里对权力的渴望，认为当官才能让别人听自己的，当官才能掌控一件事情的执行，因此无形中就表现出了官腔。殊不知，官腔并不能让他人很好地服从，也不能很好地指导他人，只能引得他人的反感和反抗，起到不好的作用。

NLP 思考层级工具的内容

NLP 思考层级工具包括如下五方面的内容。

（1）身份。人都有着不同的身份，以前是店长现在是大店长，这就是身份的一个转变。

（2）信念。信念就是坚定不移地相信，我们有什么样的信念就会有什么样的举止。信念指导着我们的行为，是我们做事的一个准绳。

（3）能力。一件事能不能做好，还要考虑相应的能力具备不具备。例如，导购需要具备销售能力；领导则不仅要具备销售能力，还要具备人员管理能力、与商场的沟通能力、协调能力等。

（4）行为。行为就是具备能力之后的执行。执行能否按标准、流程、步骤顺利地完成，这取决于执行计划是否合理。不合理的计划，就往往难以执行下去。

（5）环境。在做一些事情时容易产生一种氛围，这个氛围就是环境。氛围有快乐的、苦闷的、压抑的等，有什么样的行为就会有什么样的氛围。

身份影响信念，信念影响能力，能力影响行为，行为影响环境，这五方面可以形成一个闭循环。结合上述案例，具体如下：身份上，新大店长从基层管理者的身份升职为了更高一级的管理者，以前在身份上他与其他店长是同级，现在他是其他店长的上级。随着身份的改变他的信念也产生了变化，领导者的身份让他产生了一种官腔，在与其他店长交流中他就会有意地拿出这种官腔，并认为这是其他人无条件听从的关键。还有一种情况是，他在用官腔来掩饰内心的不自信。

俗话说，“屁股决定脑袋”，坐在什么位置上就有相应的什么样的思维模式，也就是说，信念会随着身份的改变而改变。有的人的信念是下级必须无条件服从上级的命令，升职意味着自己的能力比其他人强，意味着以前的做法都是正确的，大家必须无条件地听从。当有了这种信念后，他在与人交流中就会表现出这种官腔。而如果大家并不服气他的能力，没有发自内心地认可他的能力，大家就会在私下里议论他，说他的坏话，显示为一种负面情绪交流的行为。负面情绪交流的行为会形成一种抵抗的环境，这时公司的决策就会执行不下去，直接影响结果。

NLP 思考层级工具的运用

新零售时代管理者如何运用 NLP 思考层级工具开展工作，可结合上述案例进行分析，具体如下。

身份是很重要的，新大店长固然升职了，可他的实际能力却不一定达到了职位的要求。或者他的能力已经达到了，但不能让其他店长认同，这就说明他的沟通能力至少是不足的。当能力与身份不匹配时，管理者就应该转变为一种支持或者学习的身份。例如，大店长来到其他店铺之后可以这样告诉其他店长："虽然领导让我做了大店长，可我知道我的能力是达不到的，你们每一个人的能力都要比我强，所以我今天来这里不是指导工作的，更多的是利用这次机会向你们学习。同时，如果你们有什么需要我向领导反映的可以告诉我，我一定帮你们做好。"当新店长以这种身份去其他店铺巡店，即使有些店长不认可他，在听到这番话后他们的抵抗情绪也就消散了。

在信念上，大店长要发自内心地向其他店长学习，要认真地帮助其他店长，让区域店铺的心凝聚在一起，带领大家共同把区域业绩提上去。同时，大店长要摒弃自己是官的信念，用大家都舒服的方式与人交流。当大店长这样做后，就会减少别人对他能力的要求，即使他的能力达不到也不会有人拿他能力不足来说事。这时候大家用团队共创这种工具进行交流，共同思考、制订行动计划，各个店长参与到了店铺管理，得到了安全感、归属感、信任感、价值感、认可感等，在执行中就减少了情绪上的对抗，大家的注意力就放在了执行上，执行就变得容易了。行为影响环境，当大家彼此尊重，团队的氛围就会变得其乐融融，凝聚力自然而然也就得到了增强，相应业绩增长也就有了保障。

如何用 NLP 思考层级工具造就卓越管理者

（1）身份。卓越的管理者要明确自己的身份，这决定着其未来的路走得是否顺畅。

首先，在布置任务的时候是引导者、启发者。前面已经讲过了，如果用命令的方式会引起员工的反感，如果只是传达则达不到本应起到的作用，所以在布置任务的时候，管理者的身份更多的是一个引导者、启发者、宣导者。

其次，在带新员工的时候是辅导者。由于新来的员工对公司内部情况不了解，而每一家公司都具有自身独特的管理内容，所以带新员工的时候要耐心地告诉他们先做什么后做什么，做什么是对的，起到辅导者的作用。

再次，在执行过程中是纠偏者。在执行中常常会做偏，这时就需要有人在这个过程帮助大家及时纠正过来，以免最后结果事与愿违。

然后，在与老员工交流的时候是教练者。有一些员工会倚老卖老，他们有能力但是就是不执行，更多的是心态没有摆正。这时管理者要抓住这一类人的心智模式，引导、启发他们，让他们化被动为主动，发自内心地行动起来。

最后，在与基层员工进行交流的时候还是知心朋友。也就是说，管理者要多站在基层员工的角度思考问题，听听他们的心声，尊重他们并得到他们的尊重。

在不同的场合，管理者首先要明确自己的身份定位，当身份与环境相匹配时才能最大限度地发挥管理者的作用。

（2）信念。信念就是坚定不移地相信。

卓越的管理者需要树立自己的信念。如果为了达到自私的目的而做自私的事情，那么别人一定能感觉到我们的自私，最后一定是别人比我们更加的自私。所以，为了达到自私的目的，管理者必须树立起无私奉献的信念。这个自私的目的就是把事情做好，得到领导的认可，为此就必须对下属以诚相待，多用心去理解他们，支持他们，这个信念可以让管理者的目的得以实现。

（3）能力。当建立信念后，为了实现信念就需要具备一定的能力。

现在大企业的体系是非常完善的，员工可以一级级地晋升。如果店长想成为督导，就要开始学习督导需要具备的能力，当在考核中通过了就有机会成为督导。但是，在很多小型的公司是没有培训体系的，当需要督导时，他们通常会将一家销售业绩好、店铺管理好的门店的店长提拔为督导。虽然提升为督导，但是这个人可能还不具备管理多店的能力，这时候他是管理不好的，会面临更多的困难和压力。因此就需要管理者自己去学习，尽快将需要的能力补上来，能力补充得越快就越能尽快地进入工作状态，进而工作也将取得明显的效果。

（4）行为。行为就是怎么去执行。

当管理者具备了需要的能力后，接下来还需要的是执行，要学会做执行计划。制订执行计划一般需要如下步骤：订目标、订策略、订激励、订监控与评估，如此可以让执行变得更加顺畅，取得的效果会更好。

（5）环境。环境就是创造的氛围。

不断地去执行，周围的氛围就会不断地在改变，当管理者创造了其乐融融的氛围，每个人都用心地参与到店铺管理中的时候，每个人的身份就更加正确，最终得到的结果也会更好。

可以通过 NLP 思考层级对管理者进行检核，如表 8-1 所示。

表 8-1　卓越管理者的检核表

NLP 思考层级工具	表现	非常同意	同意	一般	不同意	非常不同意
身份	1. 与下属沟通中，习惯命令式交流 2. 下属问问题时，习惯性地给答案 3. 总是向领导反映员工工资低问题 4. 习惯性地认为问题是他人的问题					
信念	1. 给多少钱干多少活 2. 员工越来越不好管 3. 自己付出了很多，感觉领导不重视 / 认可自己 4. 大环境不好，工作不好开展 5. 线上对线下冲击太大，无法经营 6. 代理商做大了，任何事情都不支持					

续表

NLP 思考层级工具	表现	非常同意	同意	一般	不同意	非常不同意
能力	1. 员工能力弱 2. 自己不爱看专业类书籍 3. 感觉自己经验很丰富 4. 下属执行力弱					
行为	1. 自己爱思考，执行力比较弱 2. 自己不爱思考，执行力很好 3. 下属执行					
环境	1. 自己对员工真心付出，员工不领情 2. 自己在员工就干活，走后就不干 3. 什么事情都需要亲力亲为 4. 员工做不好，着急时就帮下属做					

第四节　沟通力决定着能否成为卓越管理者

管理者管的是人，与人打交道就需要了解人心，了解人心就需要沟通与交流。沟通能力强的管理者做事时事半功倍，沟通能力一般的管理者做事时事倍功半，因此沟通力决定着一个管理者能否成为卓越管理者。需要注意的是，沟通中往往存在着障碍，如果管理者注意不到，最后的结果则往往不理想。

沟通中的障碍

沟通中的障碍主要有三个，具体如下。

（1）不同频，这是沟通中的最大障碍。不同频指沟通双方说的意思不一样，不在同一层面上。例如，在督导与店长的沟通中，店长反映说："领导，我们现在的货品有问题，价格太贵了，而且好卖的货也补不上，这造成了我们的业绩始终提不上。"这时候督导就告诉店长："你们现在关注的重点不在货品上，你们更多的应该是把团队的气氛搞起来，这样大家才能更有信心地去卖货。"如果货品问题在店长内心根深蒂固，听到领导的这些话他会认为领导根本不想帮忙解决问题，是在敷衍他，甚至会在情绪上产生反抗，如此业绩自然难以完成。这就是因为不同频，在沟通中形成了一种无形的障碍。因此作为领导，要透过现象看本质，在沟通中要更加深入地了解事情对员工的影响有多大、根源是什么，具体可以利用 5WHY 这一方法来问下属问题。

【工具箱——5WHY 方法】

管理者经常反映现在终端门店的员工不积极、不主动，我们可以用 5WHY 方法找到这一问题的根源。

5WHY 方法就是通过问五六个为什么，达到了解事情的本质。从问题出发，不断追问为什么，告别直接原因，路过间接原因，最终找到根本原因。

问："造成员工不积极的原因有哪些？"

答："老员工比较散漫，带着新员工也开始散漫。"

问："老员工为什么散漫？"

答："是店长平时要求不严格，当要老员工做什么时，老员工一找借口，店长就自己做了。"

问："店长为什么不强势？"

答："店长年龄比较小，也不如老员工在店里的时间长。"

问："为什么不让老员工当店长？"

答："公司想培养一些年轻人，让年轻人带动气氛。"

问："为什么一个年轻店长带动不好气氛？"

答："没有经过培训就直接上岗了。"

问："培训什么内容会更合适？"

答："年轻的店长或刚上任的店长培训不同店铺如何带动氛围这类内容，或把一些典型的负面店铺作为案例分析，效果会更好，让年轻店长有了应对的方法，不至于无能为力了。"

通过五六个问题就可以找出问题的根源，如果公司为新店长和年轻的店长做不同店铺的氛围带动培训，把一些员工数量多的典型店铺做针对性案例分析，他们上任后的执行效果就会大大改观。

（2）无亲和力。人与人在交流中如果没有信任感、亲和力，那么在沟通中就容易出现问题。例如，当新来的领导问下属一些问题的时候，由于对领导并不是很了解，下属只是以一种敬畏的心理去交流，因此在沟通中会有一些保留，在汇报问题时也往往是避重就轻。这些都是因为没有亲和力，造成沟通不畅，结果达不到理想的效果。

（3）不恰当的语气语调。每个人与不同的人在沟通中的语气语调是不一样的，同时不同的语气语调给对方的感受也是不一样的。例如，如果用正常的语速说“我讨厌你”，会让对方感到很严肃，造成对方心理上的不舒服；而如果用嗲声嗲气的语气说，则不仅不会让人反感，还会让对方很开心。在上级与下级沟通的过程中，对于一件事情，如果领导说话的语速语调很严厉，就会给下属造成一种很大的压力。可能领导本来是想去表扬他的，结果却变成了一种压力。如果领导和蔼可亲地表达鼓励，对方就可以感受到领导的认可。所以，不恰当的语气语调对沟通也造成了一种障碍。

沟通目标的设定

沟通不畅，除了源于沟通中的障碍，还有一部分原因是没有设定沟通目标或者目标设定不合理。

跟领导或下属沟通的时候，很多人只是匆忙地去向对方反映或交流问题，但是他们并没有设定一个清晰的目标，对沟通可能出现的结果毫不清楚，结果出现了很多意料不到的状况，最后也就不了了之了。

例如，目前在终端会出现这样的现象：当店长遇到问题时会本能地求助于领导，店长反映问题并期待得到领导的支持，但是并没有考虑到如果领导不支持、不同意该怎么办。通常，在沟通中要设定三个目标：领导非常认同，这时会得到什么样的结果；领导只是认同但没有表态，这时要怎么办；如果领导反对，那想得到支持的底线是什么。这样在沟通中就会有一个清晰的主线，当领导否定时不至于让我们心里不舒服，产生对抗情绪。

【情景再现】

曾经有个督导这样跟我反馈："我感觉自己付出了，可是我的领导就是不认同我。"我就问他领导在哪方面没有认同，他说："前段时间为了提升业绩，我设计了一个促销方案，可是领导没有批促销费用，后来我又给领导说了几次都被打回来了，我感觉自己不受重视，我的能力在这里无法施展。"当时我就问他："你有没有思考过领导为什么不支持你呢？有没有深入思考过领导不同意的根源呢？"他说："应该是费用问题，做促销需要花钱。但是我在之前的品牌用这个方法得到的效果非常好，领导为什么不批呢？"我又继续问他："我认为这件事情不是那么简单，领导不批是不是表示对这件事没有把握呢？"他说是。"如果领导对一件事没有把握就批钱让下面的人去做了，最后效果不好这个钱是不是就浪费了呢？那这个责任谁来担呢？是不是批钱的人责任最大呢？"他说对。"所以在沟通的过程中，你的想法就是做个方案然后让领导批复，之后你干活就可以了。这时你想当然地认为领导会批，当实际中领导没有批就在心理上给你造成了很大的落差，造成了你心理上的不平衡。所以你的问题出在沟通上，你设定的目标只有成功这一项。而实际上你要考虑三种情况：给钱、同意但没钱、完全否定，一旦考虑了这三种结果，即使最后被否定了你也不至于对领导有这么大的对抗情绪。"听我说完后这个督导才意识到自己与领导在沟通中存在问题，而问题就是自己设定的沟通目标太单一了。

通过上述案例可以发现，在上下级的沟通中，下级的目标太单一化、理想化，这是人事关系比较紧张的根源之一。沟通时，应该设立三个目标：

第一目标，即理想目标；第二目标，即基础目标；第三目标，即底线目标。当设置了这三个目标以后，在沟通中才能留有余地，才能更好地解决问题。

化被动为主动的沟通技巧

通过 NLP 教练技术工具，可以在沟通中引导对方化被动等待为主动出击，具体的引导方法有如下两种。

（1）注意力转移法。注意力转移法就是引导对方从借口中找出做这件事的好处或重要性，这样人的思维就容易发生改变。例如，在旺季的时候，店铺的员工都十分排斥做培训练习，他们大多在抱怨不如利用练习的时间多卖几件货。他们的借口主要有两个：一个是练习时间太长，从顾客进门到送走顾客至少需要半个小时，而且练习中常常被打断，之后又要重新练，常常一天一遍都没有练完。另一个是取得的效果不明显。在实际销售中可能顾客根本不按练习的套路走，这就导致练了半天结果用不上，因此大家就不愿意去练习了。要想解决这一问题，一是解决内容的有效性、针对性、实用性，这个在第三章中的“三招半”已经介绍过了，此处不予赘述；二是解决员工的情绪对抗问题，也就是在沟通中引导员工主动练习，在沟通中可以告诉他们旺季做培训的重要性，以及可以给他们带来的直观利益，如此就容易让员工从对抗的情绪中走出来，达到管理者想要的结果。

（2）隐喻法。隐喻是在彼类事物的暗示之下感知、体验、想象、理解、谈论此类事物的心理行为、语言行为和文化行为，如图 8-2 所示。

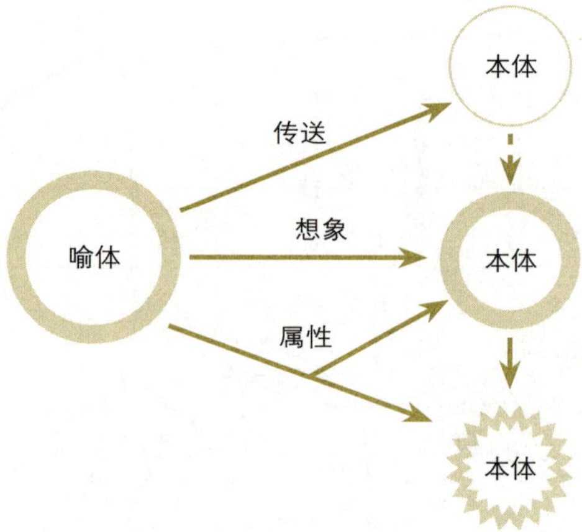

图 8-2　隐喻法图示

【情景再现】

在某知名女装落地项目上，我在巡店时曾遇到一个业绩下滑比较明显的店铺，这个店铺的店长非常用心，只是工作找不到头绪，所以即使他尝试了很多方法，但是店铺的业绩始终没有提上去，于是我给他讲了一个案例。

“我曾经碰到过这样一个店铺，这个店铺在平时的业绩很一般，距离月底还有 3 天的时候他们的目标业绩还差七八万。这时候这个店铺的店长把所有的员工都集合起来，让大家利用团队共创这个工具来想解决办法，最后他们一致同意进行搭配组合销售。由于当时已经是 10 月份了，北方晚上的温度也就 13℃左右，同时店铺周围的目标人群消费能力不低，所以呢子大衣十分畅销，他们就围绕呢子大衣进行多种搭配组合，在销售中主推呢子大衣的服装组合，并在淡场的时候分享、总结销售话术。结果，这个月的最后三天他们每天的业绩都是三万多，成功超额完成了业绩。”

我讲完这个案例之后，这个店长茅塞顿开，笑着说：“我家情况和你说的那家店铺差不多，或许我可以试试他们用的策略。”

上述案例使用的就是隐喻法，通过讲同类型店铺成功的案例，让对方感觉自己也可以做好。隐喻的作用就是通过一个故事或案例，来暗示对方的问题也可以利用别人类似的解决方法来解决。

与上级沟通的技巧

实际中，经常有人不知道如何与上级沟通。有时候领导布置的任务不是很清晰，但由于害怕领导不敢与领导交流，或是员工自己对领导布置的工作一头雾水但是不敢问领导，结果最后做得不好，惹得领导一顿臭骂，下属还很委屈。

要想解决这一问题，需要学会使用目标管理工具，即在与领导沟通中弄清楚目标、衡量标准、时间节点这三项内容。如此执行起来就变得简单了，也比较容易得到领导的认可。但是在实际工作中，领导往往只给了下属目标，而忽略了衡量标准和时间节点，这时候就需要下属与领导在沟通中问清楚这两项内容。

【情景再现】

小李的领导安排他参加了某课程，之后领导给他布置了转训此次课程内容的新任务，这便有了如下对话。

领导说：“小李，听说这次课程很实用，这次回来后你转训一下吧！”

小李听了后说：“领导，这次培训我受益匪浅，你给我的新任务目标是让我回去转训，我有个问题想问一下领导，回去转训，您希望哪些人参加呢？”

领导回答道："把 A 类店铺的店长叫来，再加上三个督导。"

小李继续问："对这件事的衡量标准是什么呀？或是结果什么样就可以达到您的满意呢？"

领导思考了片刻回答说："70% 的人说有收获；再教出 1 个标杆店铺的店长，就算达标了！"

小李接着问："培训您觉得什么时候开始呢？您认为多长时间带出一个店长是合理的呢？"

领导依然是思考了片刻回答道："你回来一周后培训，这样有个下通知的时间，也能给店长安排好店铺的时间；至于培养出标杆店店长的时间是一个月，时间如果更短会更好！"

小李听了领导这些回答后，就非常清楚领导对转训工作的要求了，双方对此次转训的事情沟通得就相对比较清晰。

上述案例在沟通中明确了转训工作的明确目标，接下来沟通了对转训工作的衡量标准，这让执行者的目标感更强，同时确定了时间节点，可以让执行者更好地规划自己的时间。

第五节　卓越管理者轻松管理多店

实际中，督导或经理等中层管理者往往同时管理着很多店铺，少则几家，多则上百家，如何轻松管理好这些店铺，成为他们迫切需要解决的问题。

要想解决这一问题，首先需要分析出管理者多店管理分身乏术的根源。一般来说，这一问题出现的原因主要有两点：一是管理者针对性解决问题的思维模式。这一思维模式让管理者成为店铺的救火员，但是一个人的精力是有限的，这就导致管理者很忙可是业绩依旧不见起色。二是基层被动执行。这一现象主要表现在员工没有执行力，总是找借口，这就导致管理者的方法执行不下去，最后不了了之。

重复旧有的行为得到的一定是旧有的结果，所以要想改变这一现状，需要改变思维模式。一是抓大放小。很多企业存在“20 个店铺创造了 80% 的业绩，80 个店铺创造了 20% 的业绩”这种情况。因此管理者要学会抓大放小，对那些创造效益的店铺要大力支持，对那些效益不好的店铺则要进行整改或者放弃。二是团队自行管理。管理者把员工招过来不是让他们提出问题的，而是让他们解决问题的，因此管理者要相信下属的能力，培养下属的思考能力，让他们自行解决问题。

这一问题，具体可以通过 NLP 来解决，也就是围绕业绩提升对整体行动进行规划，这一方案可以解决多店管理中管理者分身乏术的问题，本节将对业绩提升规划的流程进行详细介绍，如图 8-3 所示。

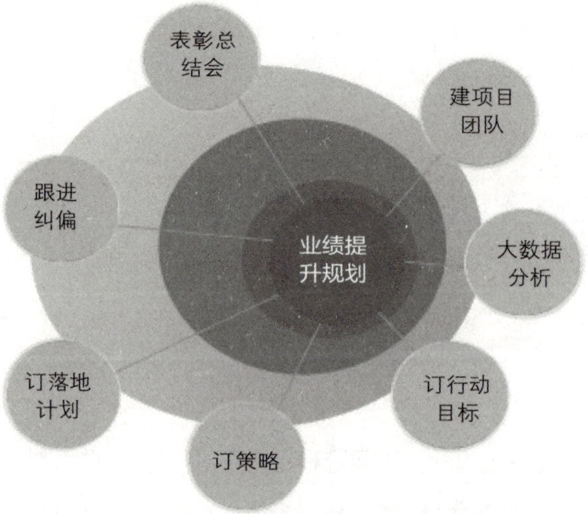

图 8-3　业绩提升规划流程

建项目团队，让团队自行管理

建项目团队的流程和要点，如表 8-2 所示。

表 8-2　建项目团队的流程和要点

流程	要点
划分区域	相邻县城划分为同一区域；按照店铺级别分为几个小组，每个小组数量在 5 家左右；每个小组都起一个名字，如战魂队、必胜队等
分设官职	从中选出一个队长，带领区域员工共同实施；分别选出负责学习、纪律、文艺、监督等工作的人员；每个员工都要分一个官职，大家都是官没有民，官职名字由个人起
订职责	对每个官职的具体职责进行描述；职责要可量化；确定职责时要发挥集体智慧，让职位更加合理
订纪律	规定做好的奖励和做不好的惩罚；要去执行、兑现
订底线	要求协助行使职权的时候有些人不接受，而订底线可以排除类似干扰

这时候我们一个区域就可以划分成多个项目团队，一个大项目团队管着 50 家店，以前是 50 个人直接向经理汇报，现在就把这个大项目团队分成 10 个小组，每个小组 5 家店，这 10 个小组的组长直接向经理汇报，这就减轻了经理的工作。同时，建立项目团队可以让各小组自行管理，自行消化问题，遇到实在解决不了的问题再向经理汇报，如此可以提高问题处理的速度，同时更好地加强了员工解决问题的能力。

大数据分析，找出优缺点

这部分内容在本书第二章第二节已经详细论述过了，此处不予赘述。

订行动目标，明确行动方向

订行动目标可分为三个步骤：第一步，选择行动目标。根据业绩公式找出区域店铺的共同优势，选择其中一个作为行动目标。第二步，计算行动指标值。把区域店铺的总任务分解到各区域小组，再把各个小组的任务具体分给小组中的每一个店铺，然后把各个店铺的具体任务分解到每个人的头上，如此就可以知道每个人具体的业绩指标是多少了，店长可以根据这一指标进行激励。第三步，确定时间节点。例如，做一件事的时间可以分为四周，把每一周的时间节点做出来，每一周具体的内容就是行动策略的内容。

订策略，让方法切实发挥作用

行动策略就是“三招半”策略和训练评估，这一部分内容可详见本书第三章第三节和第四节。

订落地计划，抓住重点工作

落地计划可分为周落地计划和日落地计划。

周落地计划指一周的工作该做些什么，具体内容包括基础工作和主题化工作。基础工作就是公司每天规定要做的事情，如周一店长要到公司开例会，货到了之后要去理货、收拾库房等，公司规定的一个月做几次大扫除等。基础工作是必须完成的，比基础工作更重要的是主题化工作，也就是我们一周计划完成的行动指标是什么。

在日落地计划中有一个现状，就是把一些不是重点的工作当成重点工作来抓了，最后的结果就是达不到想要的效果。例如，每天大家早晨来到店铺，最先完成商场临时交给的工作，然后完成公司交给的工作，实在没什么可忙的时候才去做销售，所以最重要的销售反而成了不是重点的工作。这背后的根源就是员工们认为公司的事情才是最重要的事情，而偏偏忽视了销售这一最重要的工作，店长都没有意识到店铺里工作的重点与非重点已经主次颠倒了，更何况员工呢？

跟进纠偏，保证实施的有效性

实际工作中常常出现这样一种现象：领导以开会的形式给大家传达接下来的执行计划，当初计划设计得非常好，可是最后的结果却常常很糟糕，很多店铺都会出现类似的状况。

【情景再现】

有一次我去给北京的一个女装品牌做服务指导，在指导期间我了解到他们店铺增加了一个儿童的展柜，里面放着相关的绘本和玩具等。增加这一展柜的初衷是让那些带着孩子的妈妈可以安心试穿衣服，当时领导觉得这个创意非常好，上层、中层就开始执行这件事情了。他们把展柜和绘本等物品运送到了每一家店铺，也简单地跟大家说了一下做这件事情的重要性，可以给大家带来的收益是什么，鼓励大家多多利用这个展柜，给带孩子的妈妈提供一些额外的服务。执行三个月后，每家店应用的效果不一样，有些店应用得好，大部分店应用得不好，还有一部分店甚至连用都不用。很多店铺把展柜放在那里当成了一种摆设，所以这个展柜的价值根本就体现不出来，再过几个月这件事情就不了了之了，慢慢地很多员工都觉得那个展柜没有用处，很多店铺就把它放在犄角旮旯了。

仔细分析上述现象可以发现，增加儿童展柜这一过程缺少跟进纠偏。一是领导没有纠偏的意识，二是领导没有深入地思考纠偏的一些具体的方法，没有把它变成一个深入的流程，所以这样就会造成事情的不了了之。解决这一问题的方法就是将微信会议操作流程做成一个跟进纠偏的流程，在微信群中强化事情的具体执行。具体来说，微信会议操作流程要掌控好微信会议的频次，做好微信会议通知，以及把握好微信会议掌控流程。

表彰总结会，让工作快速迭代

一个好的会议都需要精心的规划，准备越充分效果就越好；而如果准备匆忙结果就会纰漏百出，这样既浪费时间，又影响参会者的心情。

如何做好表彰会，可以参考以下内容。

（1）表彰会目标。表彰会要提前拟定出目标，目标不要超过三个，否则主题就会不明确。举例来说，表彰会的目标可以为以下内容：通过对优秀店铺的店长进行表彰嘉奖，提高优秀人员的价值感，更加忠诚于品牌；通过对优秀店铺落地案例的介绍，激发新的一批店长回去落地，提高落地店铺数量；通过领导的讲话，对所有伙伴进行鼓励，重申落地目标，为继续落地做好动力助推；等等。

（2）表彰会的时间。半天为宜，如果时间太长容易让人产生疲倦感。

（3）表彰会的参与人。根据需要参加的层级及人数来确定。

（4）奖品准备。奖品采购建议以实用性为主，目的是被奖励人每次使用通过自己努力得来的奖品时，会立刻生出一种荣誉感。

（5）配合部门。为了保障会议的顺利实施，需要其他部门的协助，提前把需要对接的部门列出来，同时把沟通的目标及时间节点都一一列出来，如此准备才能更加高效。

（6）表彰会的流程表。有了具体时间流程表，可以印刷或打印成胸牌的大小，直接装到胸牌的卡带里，这样便于参会人员直接了解大会的进程。

（7）表彰会的通知。通知是关键的环节，通知内容可以包括时间、地点、内容、天气状况（以便参会者带合适的衣服）、咨询电话等板块。

除了表彰会，企业还需要开总结会。开总结会的目的是通过阶段性的总结，对上一阶段做好的内容做一个收集整理，对于不合理的地方进行迭代升级，让工作流程更加高效。但是目前在开总结会时，大家更多的是在抛出问题，而到讨论解决问题时就集体沉默。为解决这一现状，开总结会时要做好提前规划，如此才能起到应有的效果。

（1）总结会的目标。总结会目标越少越好，一般不超过3个。具体的总结会目标可以设置为：对现在实施的连带训练流程进行升级，输出新的标准化流程等。

（2）总结会的时间。时间根据内容多少预先设定。

（3）总结会的内容。根据需要总结并升级的内容，列出内容清单。

（4）总结会参与人。尽量安排项目设计老师和执行的人一起商讨。

（5）总结会的物料准备。会议中会用到白板、白板笔、白纸、便签纸、胶带等物料，将所需物资写一个清单，减少一边开会一边找物料的情况发生。

（6）总结会的流程。总结会中，严格按着时间节点进行商讨，减少不必要的时间浪费。

做好表彰总结会可以让工作加速迭代，加快企业前进的速度。

你还在空谈变革而不行动吗？
你还在放任市场超越自己吗？
你还在迷惘地停滞于某点吗？
如果是，那你该换个“脑袋”了。

第九章
实体零售的未来，由你决定

第一节　未来企业该走向何方

企业的发展都是波浪式前进的，有些企业在发展的波谷一蹶不振，有些企业则挺过艰难期，迎来发展的春天。每天都有无数的企业面临着破产和被收购，其中有名不见经传的小企业，也有享誉四方的大企业；有刚刚起步的新企业，也有百年传承的老店，没有哪个企业可以保证自己是“不败金身”。在企业发展中唯有变是唯一不变的真理，唯有适者可生存，那企业的未来在哪里呢？

在寻求企业未来方向的路上，让我们先回顾一下中国零售 30 年的历史。

中国零售 30 年

20 世纪 80 年代，中国开始实行改革开放。开放之初物资依旧比较匮乏，那个时候的男装还是以中山装为主，女性间流行穿“的确良”面料的衣服，能穿上这种面料的衣服的人是属于生活条件还不错的。在这样的社会条件下，基本上只要生产出来产品就会有销路，因此当时很多集体村办企业并没有品牌的意识，温州人也不例外。当时温州人在全国各地开办鞋作坊，温州鞋的款式还可以，但是质量不好，有的鞋子穿一天鞋底就开胶了，是名副其实的“一日鞋”。为了让温州鞋摆脱劣质鞋的标签，当地工商局在武林广场烧起了第一把火：“羞辱之火”，从此温州鞋走上了重视质量之路。

20 世纪 90 年代，这一时期中国零售行业发展迅速。1993 年，香港零售品牌佐丹奴在中国内地租赁门店一年花费 5 万元，而开业当天的销售额就高达 56 万元，可见其火爆程度。除了带动了零售市场，佐丹奴的连锁经营模式对内地品牌也有着深远的影响。例如，美特斯邦威根据佐丹奴的经验快速崛起，成为国内第一个上市的服装品牌公司。这一时期，梦特娇、鳄鱼、皮尔卡丹、花花公子等国外品牌进驻中国，国内零售市场前景一片大好。

2000~2008 年，中国零售服装品牌如雨后春笋般涌现，各品牌开始“跑马圈地”；2004 年“渠道为王”概念提出，为成为“王者”，各品牌争相通过代理商、加盟商拓展销售渠道；2005 年“终端为王”概念提出，谁终端数量越多，谁就有话语权，于是各品牌开始疯狂开店，如李宁、安踏、360、匹克、拉夏贝尔等品牌拥有终端店铺七八千家；2008 年前后，一线城市流行奢侈品的消费，同时在二三线城市也刮起了买这些名品牌的假货之风。

天猫“双十一”的单日成交额飞速增长，从 2009 年的 5000 万元到 2012 年的 194 亿元，再到 2017 年的 1682 亿元，完成了奇迹般的跨越，一些线下品牌开始疯狂开网店。

因为 O2O 模式的火爆，2014 年被称为 O2O 元年，但是很多传统企业并没有因此成功；2015 年的互联网思维和“互联网 +”概念也没有挽救实体零售的“命”，这让很多线下品牌又开始迷茫，看不到未来的方向。

中国零售的发展方向

作为我们的邻国，日本与中国有很多相似之处，在零售方面也不例外。日本作为发达国家，或许我们可以从其身上借鉴到一些经验。

（1）日本零售发展历程（以日本鞋子行业发展为例）。

1945 年以前，由于战争因素的影响，鞋子生产主要供应军需；1945 年后，日本战败，部队已经不需要那么多的鞋子，鞋企进入了下滑期，此时鞋企开始转为民用，特别是女性洋装开始流行，同时女鞋也跟着大力发展起来；1955~1970 年，机械化开始应用于鞋子制作，机械化代表着鞋子批量生产，不久就供大于求了；1970~2000 年，形式多样的专卖店、购物环境舒适的郊区店给了日本消费者越来越好的购物体验，在这期间，服务升级成了重点，同时零售的后台管理流程的梳理与规范让很多品牌重新有了生命力；2000 年后，随着零售行业国际化、信息化以及社会构造的变化，零售行业未来的发展方向也在探索之中。

（2）借鉴日企的风格。

通过参观日本的知名鞋企，深入了解后发现日企有以下两大特点。

一是专注。日本百年品牌有 2 万多家，都是同一个生意传了好几代人。例如，有家已经传了 4 代的寿司店，这家店专做寿司，他们将每一道工序都做到了极致，而且店主会认真检验每道工序，他们以优质得到了顾客的认可，生意红火到顾客必须要提前一周预约。正是因为专注，这家店才能一代又一代延续下去，并一直受到顾客的青睐。

二是流程化、标准化。以日本私人订制某鞋品牌为例，该鞋企每个流程上的工人都非常认真地对待工作。例如，在制鞋中有道工序需要涂抹胶水，涂抹完了后必须经过 24 小时后才可以进行下一道工序，工人严格把控时间，保证每一道工序的质量，绝不投机取巧。又如，一道工序要对鞋子进行 X 光体检，要通过两台显示器，经过 2 次检查，确保鞋子里没有露出来的鞋钉，然后才可以进行最后的包装，工人严格遵守这些规定，绝不弄虚作假。

与日本企业相比，中国企业中有很多投机性比较强，哪个行业赚钱就做什么，没有专一地把自己企业做大的意识。在目前新形式下，没有专注和流程化、标准化，企业就经不起风雨，会逐渐被市场淘汰。

（3）中国零售发展方向：从日企中学到了什么。

在目前，很多品牌还停留在过去赚“快”钱的模式里，中国的经济在前进，消费者的购物心理在转变，如果企业经营思想和态度不改变，那么终究将在变革的大潮中失去踪迹。为此，零售企业应该做到如下几点。

首先，经营思维模式回归专注。优衣库创始人柳井正从一开始就是做衣服发家的，发家之后他便开始多元化投资，后来由于经营不善，他都又一一关掉，将注意力放到了自己的老本行上，集中精力把优衣库做大。目前，优衣库一个店铺的年产值就高达1亿元人民币左右，一家优衣库可以把不是商圈的街道带动成新商圈。优衣库之所以有如此大的威力，是与创始人的经营思维和专注度分不开的。

其次，重新盘点品牌的优劣势，找出细分市场，差异化经营。市场现状是产品同质化、渠道同质化、人员同质化、运营管理同质化，因此最后能拼的只有价格，但是拼价格是没有利润的，最后只能是两败俱伤的结果，在“红海”里很痛苦地挣扎。如果品牌差异化经营，区别于竞争对手，得到消费者的认可，那么企业就会马上进入“蓝海”，重新获得机会。

最后，流程化、标准化。过去的旧管理制度与流程更适合70后的人，这些对90后员工已经失效了。有些管理者总是给员工贴上“脑残”的标签，殊不知这正是管理者无能的表现。要想改变这一现状，管理者必须重新梳理运营管理流程，制定出衡量标准，如此才能提高员工的执行力及执行效果。

第二节　让企业屹立不倒的战略模式

核心竞争力是企业能不能发展起来的关键，而一个企业核心竞争力能否建立起来要看其战略模式，因此，战略模式对一家企业来说至关重要。

悬在空中的“战略定位”

很多发展遇到瓶颈的企业，往往是其战略定位出现了问题。一般情况下，主要有以下三种问题。

（1）战略定位靠“拍脑门”。

【情景再现】

有一次，我好奇地问一个高管：“你们的下年规划是您在做还是店主制订呢？”

他说：“都要做规划。”

我接着问：“那是讨论后制订呢，还是各自制订完了后再商量呢？”

他回答：“基本制订完了，大家再碰一下。”

我听了之后感觉比较诧异，因为这样做是非常浪费时间的。我便接着说：“这样容易产生冲突呀。”

他笑了笑说：“是的，但是没有办法。前几年有这么个事情，我看了一下销售数据，面料一共销售出去1.6万米，我将这一数据进行调高做出了下一年销售计划，计划销售2.2万米，我感觉已经调得很高了，跟店主汇报规划时店主直接否定了，说要销售4万米，我一听就蒙了，我的数据是根据事实情况往上加的，还多加了很多，店主直接拍脑门，4万米，我也很无奈，但要听店主的，最后的结果是那一年剩下非常多的库存，让我们压力非常大。为了消化面料，我们连续两三年都没有出新款，商场的人都跟我说款式太单调了，应该增加一些，我也是有苦难言……”

在中国，“拍脑门”做决定的领导者不在少数，生意小的时候这样做或许不会有多大危险，但是企业做大后，差一点就差十万八千里了，那些凭感觉做决定、做战略的企业最后只能是失败。

（2）战略定位一直定不下来。

国内常常有许多公司派人去国际知名企业中学习定位，然后公司还是会习惯性地回到以前的管理模式，同时开会的方法也不太正确，无效会议自然也产生不了什么成果，所以在传统的会议模式下，战略定位最后就不了了之了。

（3）战略定位停留在保险柜里。

还有一些企业，花重金聘请国外的知名咨询公司，通过三五个月的梳理，把未来 5 年的战略都梳理出来了，装订成册，这些是公司的机密、核心内容，为了机密不外露，他们就把装订好的文件锁在保险柜里，再也没有打开看过，结果领导们还是按以前的方法在执行。

对于有执行力的企业，是高层制定好了战略，待大家对战略的描述、理解一致后布置各部门任务，同时又在布置时设计出各个部门的战略，各人又根据部门战略设计出自己的具体工作，从而形成人人清晰战略，人人每天为战略而做。可能有些人会认为，人人都知道公司战略容易导致公司机密外泄。其实这是一种误解，每个部门的战略都是为公司总战略服务的，个人战略又是为部门战略负责的，所以他们看到的只是局部，根本谈不上是核心机密。而且，即使核心机密外泄了，对方的公司管理模式、人员的素质等条件未必可以复制自己的战略。

以上是企业在战略定位上的一些问题和误区，清楚这些以后，接下来更关键的是选择适合自身的战略模式。

选择适合的战略模式

（1）成本最低型。

在经济危机的冲击下，众多餐饮公司纷纷受到巨创，而呷哺呷哺却不断扩张，这与其成本最低型的战略模式是分不开的。

橙色装修、U 形吧台、一人一锅，这是呷哺呷哺给人留下的直观印象。一家两百多平方米的店铺，五年装修一次，一次费用为 70 万元，明显低于同行；U 形吧台也大大增加了员工顾客比率，平均一名员工可以服务 10~12 名顾客，大大降低了成本。除了这些，呷哺呷哺在采购、运输等环节也尽力控制成本，成为成本最低型的典范。

但是，零售品牌公司不太适合这一模式。有很多企业做了阿米巴项目，内部独立核算，控制成本。但是有些公司并没有认识清楚阿米巴真正的本质，内部资金卡得非常严格，结果阻碍了一些重要的经营投入；同时，还有些以财务盈利作为考核，投入必须有盈利产出的事情才会批准，这就影响了那些不能立竿见影但是非常重要的经营项目的实施，容易忽视长效运营能力的构建与培养，使企业运营陷入恶性循环。

（2）产品领先型。

产品领先型可分为两大类：一类是产品质量、功能硬件领先型，如华为手机等，这些企业靠的是硬件领先赢得市场。另一类是产品文化领先型，如阿狸，它们靠的是产品中隐含的文化获得顾客青睐，从而占领市场。

在中国，鞋服品牌之间互相扒版、抄袭现象比较严重，而产品领先型的战略模式就是要改变这一局面，在提高产品质量的同时，注重增加产品的无形价值，用优质产品及其内含的情感打动顾客，获得顾客的认同。

（3）服务领先型。

服务领先型指给顾客提供优质的服务，并向顾客提供多种增值服务，满足其多种需求，以此来吸引顾客的再次消费。服务领先型的特点是溢价能力高、重复消费。

（4）运营领先型。

运营领先型的典型企业是海底捞和蒙牛，这种战略类型的特点是激发团队智慧。

零售企业要结合自身实际，选择适合的战略模式，然后将战略模式贯彻落实到企业的方方面面，如此才能塑造自身的核心竞争力，在变化莫测的市场中赢得一席之地。

第三节　以运营规划突破发展瓶颈

一个企业要想稳步发展，离不开有预见性的运营规划。如何做好运营规划，本节将给出答案。

主题化战略运营规划

在讲解主题化战略运营规划之前，需要先了解一些概念，具体如下。

（1）愿景：解决企业长久发展问题。

愿景描述的是组织实现终极目标的未来蓝图，其描述的是对未来目标群体的长期影响。例如，美斯特邦威的愿景是成为全球裁缝；赛琪运动的愿景是成为世界一流的品牌运营企业；中恒咨询的愿景是为品牌百年基业长青保驾护航。

国内有很多男装品牌将愿景描述为成为中国男装第一品牌，但是市场上类似描述太多了，而且难以给人画面感，因此算不上好的愿景。那么什么样的愿景才算是好的愿景呢？可参照如下标准：①这个愿景是否能代表参与者所憧憬的美好未来；②这个愿景是否是跳出框架的结果。

（2）使命：解决机械式工作的问题。

使命描述的是你是做什么的，为谁而做，能带来的收益是什么。例如，赛琪运动的使命是为实现员工家庭梦想而努力，为提升客户价值而奋斗；中恒咨询的使命是不断研发、传播零售行业新知识，让更多学员提高生活质量。

使命的评估标准是：①是否描述了你是做什么的，为谁做和带来的价值；②是否表明了组织所服务的行业和市场。

（3）总目标：解决行动方向问题，围绕公司收益的长期目标。其中，收益总目标是通过增加收入和控制成本来实现净收益最大化。

总目标的评估标准是：是否代表了组织的所有战略重点，是否围绕公司收益。

（4）主题化目标：解决“眉毛胡子一把抓”的问题。

主题化目标是围绕总目标的多个分目标，加上主题化字眼，强调的是分目标要在某个阶段主次分明，同时要具体、可量化、可实现。例如，本季度连带指标值从 1.3 提升到 1.65；全国商品售罄率控制在 75%（国内某少淑装品牌售罄率已经达到 85% 以上）。

主题化目标的评估标准是：①这些具体目标是否符合 SMART 原则，是否是明确的、可衡量的、可达到的、可证明的、有时间节点的；②如果这些主题目标实现了，是否意味着总目标完成了。

（5）执行规划方案：解决部门之间相互推诿的问题。

执行规划首先要部门之间协同，对接流程顺畅，清晰时间节点，才可以战略落地。例如，某女装订货会结束后，各部门之间都马上制订出下一季的工作甘特图（又称为横道图、条状图），在什么时间节点各部门都非常清晰自己做什么，而不是无休止地沟通协调。

执行规划方案的评估标准是：①各部门是否清晰自己工作的时间节点；②各部门内部人员是否清晰自己部门的工作进度。

（6）订评估考核：解决纠偏问题。

执行规划方案的每一步过程可衡量化，可控化。

评估考核的标准是：①部门对接是否按照执行规划的标准执行；②执行中有没有设立关键因素。

清楚概念之后，我们可以以 VIP 战略主题构建为例，了解主题化战略运营规划在各阶段的具体工作，下面以某男装品牌为例进行介绍。

【实战案例】

有着 20 多年历史的某男装品牌，最早是衣服加工起家，后来以发展品牌代理为主，经过调整后，直营 + 渠道各占 50% 左右，未来的计划是所有店铺变为联营，提高对终端的管控能力。在这变革时期，该公司高层邀请笔者给他们做了战略执行方面的引导，通过对方授权允许，可以为大家分享一部分内容。

第一阶段：调研期（15 天）

调研期各部门的主要工作，如表 9-1 所示。

表 9-1　调研期各部门的主要工作

调研内容	负责人	呈现方式	时间节点
顾客观点	××（顾客关系部）	PPT	6 月 15 日
员工观点	××（人资部）		
竞争对手	××（营运部）		

续表

调研内容	负责人	呈现方式	时间节点
行业趋势	××（品牌营销部）		
组织现状	××（人资部）		

通过半个月各部门的配合，详细地分析了公司目前的现状，同时通过SWOT分析了公司的优劣势，给接下来的战略运营规划起到了很好的铺垫作用。

第二阶段：战略运营规划引导（3天）

第一步：订总目标/指标值。

此次对公司战略的重新定位，确定了未来3年战略落地的设计工作，让高层对公司的战略定位及战略落地达成思想统一、描述统一、执行统一的目的。

战略定位：服务领先型品牌。通过对同业市场的分析、公司员工胜任力分析、目标顾客分析等具体内容对比分析，最后选择了服务领先作为企业未来发展的核心战略。

企业愿景：成为商务男装百年品牌。

企业使命：通过世界一流的做工品质及优质服务，陪伴商务人士铸就卓越人生。

企业总目标设计，如图9-1所示。

总目标就是行动目标，就是应该做什么具体行动可以实现盈利。通过分析，提高盈利可分解为两大板块，即开源和节流。开源就是指业绩的增长，提高收入是企业永恒的话题；节流也是很多企业一直想做的事情，缩减企业每个环节上不必要的开支也可以为企业节约费用。有些企业目前在导入阿米巴模式，为企业节约开支也起到了很好的效果。

销售业绩提升可分解为三个板块，即拓店、老店整改、老店业绩增长。拓店目前已经不太适合品牌的发展，“跑马圈地”时期已经成为这个品牌的过去时；老店整改也不是重点，终端新店面是重新装潢

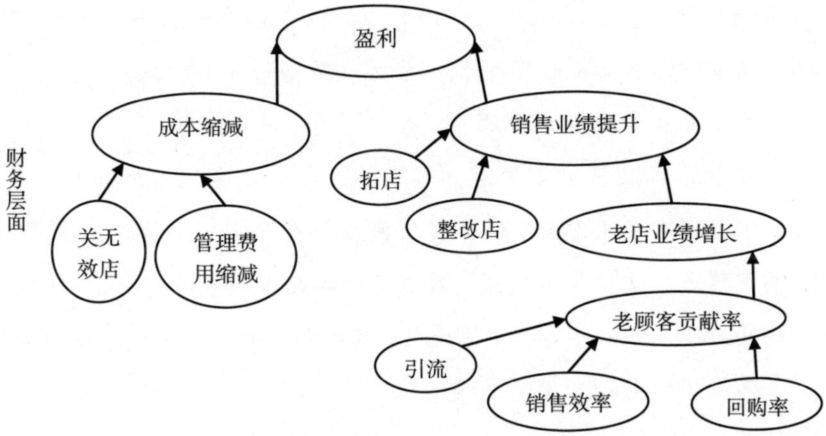

图 9-1 公司总目标设计

的，没有重新装修的老店已经不多了，维持正常更换就可以了。老店数量在国内基数很大，目前经济形势下，业绩在下滑，当下最关键的事情是业绩止滑，同时提高销售业绩，这才是企业发展的关键。

企业总目标值的规划：首先订出企业利润指标值。通过往年的数据，可以推算出企业利润指标值，再通过利润提升系数推出业绩指标值，然后规划出提升利润的行动目标。

注意：制订企业利润指标值可以增长，也可以持平。如果是亏损企业，则订为缩减亏损的指标值。在公司变革时期，出现业绩持平现象是正常的；由于实施新的战略、运营管理体系，员工思想或行为跟不上公司的变革速度而离职属正常现象。在变革第一年，利润上不建议制订得太高，甚至持平都可以。

第二步：订分目标 / 指标值。

分目标是完成总目标的具体行动动作，根据总目标制定出三年的主题化分目标，又称主题化年度战略。

第一年：VIP 顾客管理体系搭建与营销引流。

提高顾客忠诚度，需要对顾客 CRM 管理系统进行升级，对顾客的服务系统进行升级，这样才可以逐渐实现服务系统全面升级，所以在第一年进行服务系统搭建，同时以前的老顾客购物一次后没有回购的，需要淘汰掉，新 VIP 的纳新能力成为第一年的重点。

第二年：老顾客销售效率提升。

开卡顾客数量够了之后，通过第一年的服务流程的梳理与落地，提高了老顾客二级中层度（顾客忠诚度分为五级）。品牌目标消费者为中高端顾客，这些人不缺钱，对产品的品质及服务品质有很高的要求，在这些前提条件下，第二年促进老顾客的销售效率，如连带率的提升。

第三年：老顾客忠诚度提升。

两年的沉淀以后，对于一些大级别 VIP 顾客忠诚度的提升成为重要议程，把低级别的 VIP 顾客往高级别层级晋升，高级别的 VIP 成为合作伙伴，提高黏度。

注：每一年的业绩增长的衡量指标值这里暂且略过。

第三步：主题化战略执行规划。

很多企业制定了战略，但是往往执行不下去，关键就是具体的执行规划没有制订或制订得不合理，使得战略成为空话。

第一年战略主题：VIP 顾客管理体系搭建与营销引流。根据这个主题，需要构建几个板块内容，如 VIP 信息管理、消费者权益设计、VIP 招募流程、VIP 日常服务流程等，如图 9-2 所示。

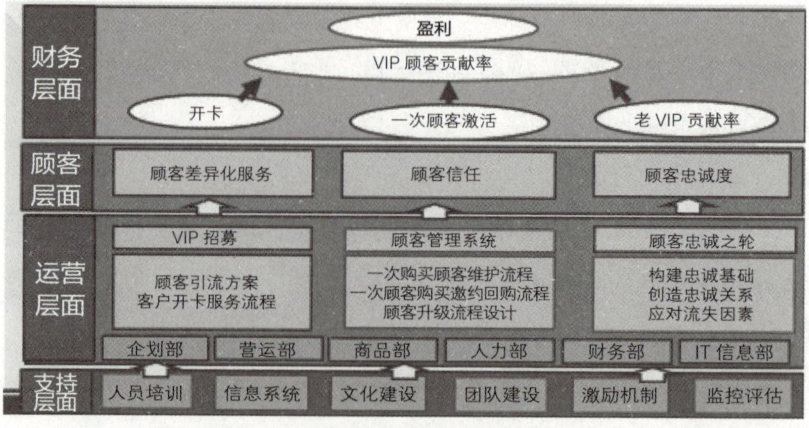

图 9-2　VIP 顾客管理体系搭建与营销引流

第三阶段：战略执行规划文本输出（3天）

略

纵向与横向协同规划

零售企业中普遍存在着各部门间内耗的问题，这一问题的根源一般来说无非两点：一是战略描述不一致。当企业战略不清晰，公司担任要职的高管与领导者的战略描述不一致，再往下级部门传达的时候，理解就会有偏差，各部门就会出现独立为政的现象。虽然每个成员都在努力工作，结果却是部门之间相互埋怨。二是部门之间的对接流程太随机。当部门之间的衔接工作没有标准化流程，就容易出现随机，如果遇到有些人有拖延的习惯，总是在最后时刻才通知相关部门，让相关部门没有时间安排档期，就会影响执行进度。

解决这一问题的有效方法就是纵向与横向协同规划。

（1）纵向协同，指营运部门的上中下管理层的行动目标一致性。高层制定总的行动目标。例如：本季度的主题目标为提高连带率，高层把公司总的连带水平评估出来；同时带领中层计算出每个中层所辖区域的连带指标值作为考核基准；中层带领基层店长计算出每家店的连带提升指标值，作为店铺的考核基准；基层店长带领导购计算出每个人连带指标值作为考核基准，同时再设定一个冲刺连带值和挑战连带值，这样就达到了高中基层的目标协同，更重要的是每一个层级都有考核基准系数。当每一层级检查或支持下属的工作的时候，会更加聚焦，从而减少了督导巡店都不知道巡什么的问题。

（2）横向协同规划。营运部的主题目标制定明确后，其他公司部门都围绕主题目标来配合营运部做行动计划，同时部门之间制定出协作对接流程及时间节点，把对接流程图设计成甘特图，这样部门之间就达成了时间与空间的协同。以中恒咨询为例，其横向协调规划的甘特图，如图9-3所示。

项目	具体内容	第一负责人	第二负责人	第三负责人	4号	5号	6号	7号	8号	9号	10号	11号	12号	13号	14号	15号	16号	17号	18号	19号	20号	21号	22号	23号
项目研发	课程内容																							
	课程融入																							
	项目讨论会																							
	项目宣传资料完成（PPT）																							
	项目工具完成																							
课程研发	服务营销																							
视频录制	课程大纲梳理																							
	课程 PPT 制作																							
	视频录制对接																							
	招生																							
项目跟进	×× 项目第二阶段																							
	×× 商场																							
	×× 商场																							
推广宣传	宣传反馈																							
	宣传方式迭代																							
	宣传内容迭代																							
	营销推广																							
销售	公开课计划																							
	内训计划																							
	项目计划																							

图 9-3　中恒咨询横向协同规划甘特图

可以根据上面的步骤，进行简单的模拟练习，设计一下自己公司的战略执行规划。

第四节　未来属于敢于换“脑袋”的人

今天不是互联网冲击了你，而是落后的想法冲击了你。

未来是明天，是以后的时间。谁能掌握行业未来，便能立于不败之地。对零售来说，它的未来不属于过去的辉煌，不属于现在的成功，不属于势头良好的电商，而属于敢于换“脑袋”的人。

未来不属于过去的辉煌

达芙妮，曾经的人气王鞋店，2002 年时曾以每年新增百家门店的速度扩张，迅速占领大街小巷，并成为消费者青睐的逛街必去门店选项。就是这家有着辉煌过去的品牌，如今却陷入了“关店潮”，仅 2016 年就关闭了近 1000 家门店。为什么这个有着让人惊叹成绩的品牌，会成为今天这个样子？

同达芙妮一样，让人看不到未来的品牌还有很多，如千百度、百丽等。它们都曾是红极一时的品牌，它们曾把门店开到大街小巷，是消费者熟知的品牌，但是它们都没有摘掉自己的“帽子”。它们或守着过去的那份荣耀沾沾自喜，或无心创新固步自封，它们停下了追寻的脚步，放弃了思维的更新。它们使用的是 5 年前或 10 年前，甚至 20 年前的旧“脑袋”，这旧“脑袋”只能回首过去，无法展望未来。

未来不属于现在的成功

有的店铺度过了难熬的“关店潮”，撑过了电商给实体零售最大压力的时期，并在逆境中取得了一定的成绩，于是便认为自身模式是最正确的选择，自己手中握着零售未来的钥匙。殊不知，当一个门店沾沾自喜时，零售的未来已经距其越来越远了。

市场环境变幻莫测，消费者的喜好和行为也在不断变化着，如果你守着现在的成功不放，终有一天其他门店会复制你的成功，终有一天新的门店模式会诞生，终有一天消费者会不再偏向你，终有一天你会被市场淘汰。如果你不再调整、变换，即使你现在享受着莫大的成功，但是也终究会有败落的一天；如果你选择不变，那便没有未来，因为未来从不属于现在。

未来不属于电商

自 2009 年“双十一”购物狂欢节开创以来，电商创下的成交额便一年比一年惊人，其以前所未有的速度抢占了实体零售的大量市场份额。一时间，“电商将取代实体零售”的说法四起。电商的崛起，是不是代表着零售的未来呢？或许一些行业领军人物的讲话可以告诉我们答案。

马云在云栖大会上提出“新零售”概念，认为“纯电商必死”，电商必须积极主动地与线下结合，这是零售的未来。

张近东在政协会议上指出，面对零售未来，实体零售和电商都不能死守老路，要以智能科技为手段，积极创造智慧零售新模式。

刘强东发表署名文章表示，第四次零售革命即将到来，它将带领人类进入智能商业时代。

这些电商巨头纷纷表达自己的观点，认为最终的零售还是要回归到线下，并积极布局实体零售。可能这些商业领袖的预判并不完全准确，但是零售的未来绝不是电商的天下。

未来属于敢于换“脑袋”的人

实际中，总是有人在抱怨经济不景气，抱怨电商的冲击，因为在他看来，实体经济从来就没有好做过。要想改变这一现状，实体零售企业必须换下僵化的“脑袋”，学习新思维。只有这样才能更加靠近消费者，才能在竞争中获得更多的胜算，才能把握零售未来。

不敢换“脑袋”的人总是拿过去的经验、方法来面对新的经济环境、人或事，因此他们总是得不到理想的结果。不敢换“脑袋”的人一旦得不到理想的结果便去寻找他人的问题，去找外部的理由，因此他们总是无法及时地更正前进的方法和方向，只能等来跌倒与失败。不敢换“脑袋”的人总是告诉员工要做什么，从不去改变员工的心智模式，因此他们的员工总是不去执行。

如果你总是重复旧有的行为，不敢换掉陈旧而笨重的“脑袋”，那么你不会拥有优秀的员工，不会拥有带来盈利的消费者，也不会拥有零售的未来。要知道行为受思维的影响，当思维转变了便会有行动，只有行动了才有可能产生好的结果。所以，把握零售未来，需要我们从心智模式开始改变，需要我们成为敢于换“脑袋”的人。